民营经济促进法学习问答

含典型案例·相关规定

MINYING JINGJI CUJINFA XUEXI WENDA

中国法治出版社
CHINA LEGAL PUBLISHING HOUSE

目录

第一部分　问答解法

1. 民营经济促进法的立法目的是什么？ …………… 3
2. 制定出台民营经济促进法的重大意义是什么？ … 5
3. 制定出台民营经济促进法有什么重要的法治意义？ ………………………………………… 9
4. 促进民营经济发展工作的基本原则是什么？ …… 12
5. 促进民营经济发展工作的职责分工是什么？ …… 14
6. 什么是民营经济组织？ …………………………… 15
7. 民营经济组织及其经营者有哪些义务？ ………… 16
8. 民营经济促进法主要规定了哪些促进民营经济发展的制度举措？ ………………………… 18
9. 民营经济促进法主要规定了哪些保障公平竞争的制度举措？ …………………………… 19
10. 什么是市场准入负面清单制度？ ……………… 22
11. 市场准入负面清单制度有哪些核心要求？ …… 24
12. 公平竞争审查制度主要有哪些审查标准？ …… 27

13. 根据公平竞争审查制度，限制或者变相限制市场准入和退出的内容主要有哪些？ ……… 29
14. 根据公平竞争审查制度，限制商品、要素自由流动的内容主要有哪些？ …………… 31
15. 根据公平竞争审查制度，影响生产经营成本的内容主要有哪些？ ………………… 33
16. 根据公平竞争审查制度，影响生产经营行为的内容主要有哪些？ ………………… 34
17. 公平竞争审查制度有哪些例外情形？ ……… 35
18. 民营经济促进法主要规定了哪些优化投融资环境的制度举措？ ………………… 36
19. 如何建立健全信用信息归集共享机制？ …… 40
20. 如何鼓励、支持民营经济组织在科技创新方面发挥作用？ ………………………… 42
21. 民营经济组织能否参与标准制定工作？ …… 45
22. 民营经济组织中的中国共产党的组织和党员应该发挥什么作用？ ………………… 46
23. 民营经济组织从事生产经营活动应当履行哪些义务？ ……………………………… 48
24. 如何实现民营经济组织的规范治理？ ……… 50
25. 民营经济促进法主要规定了哪些规范引导民营经济发展的方针政策？ …………… 52

目　录

26. 民营经济组织及其经营者在海外投资经营应当注意哪些问题？ …………………………… 54
27. 国家机关及其工作人员在促进民营经济发展工作中有哪些职责和义务？ …………… 55
28. 如何强化发展民营经济的服务保障？ ………… 56
29. 对民营经济组织及其经营者进行行政处罚时应当注意什么？ ……………………… 60
30. 各级人民政府及其有关部门如何提升对民营经济组织的监管效能？ ………………… 61
31. 各级人民政府及其有关部门如何强化行政执法监督？ …………………………… 63
32. 民营经济组织及其经营者的哪些权利受法律保护？ ……………………………… 64
33. 互联网时代，如何保护民营经济组织及其经营者的人格权益？ ………………………… 65
34. 国家机关及其工作人员开展调查、实施强制措施应当如何避免影响正常生产经营活动？ …… 67
35. 征收、征用民营经济组织财产有哪些要求？ …… 68
36. 查封、扣押、冻结民营经济组织涉案财物有哪些要求？ …………………………… 69
37. 办理涉民营经济组织及其经营者的案件应当注意什么？ …………………………… 70

38. 应当如何规范涉民营经济组织及其经营者的异地执法行为？ …………… 71

39. 如何规范政府履约践诺，加强涉民营经济组织的账款支付保障？ …………… 72

40. 侵害民营经济组织及其经营者合法权益的，如何承担法律责任？ …………… 75

41. 民营经济组织及其经营者违法的，要承担什么法律责任？ …………… 78

第二部分　典型案例

1. 重庆力帆实业（集团）股份有限公司及其十家全资子公司司法重整案 …………… 81

2. 广西柳州正菱集团有限公司及53家关联企业合并重整案 …………… 85

3. 华融国际信托有限责任公司与山西梅园华盛能源开发有限公司等金融借款合同纠纷案 …………… 90

4. 江苏镇江市丹徒区宝堰镇前隍村委会与镇江山水湾生态农业开发有限公司土地承包经营权纠纷案 …………… 94

5. 陕西西安西电变压器有限责任公司与鹤壁国龙物流有限公司承揽合同纠纷案 …………… 98

6. 某文化旅游公司、某集团公司与某银行支行等撤销不良贷款记录纠纷案
　　——判决银行更正企业信用评价与信用信息，维护企业信誉和品牌价值 ………… 102

7. 甲租赁公司与乙公司融资租赁合同纠纷案
　　——对变相利息不予支持，降低企业融资成本 ………… 106

8. 某果蔬公司破产清算转重整案
　　——积极推动破产清算转重整，挽救农企复苏，保护农民工利益，助力脱贫攻坚与乡村振兴 ………… 109

9. 某房地产经纪公司与杨某某网络侵权责任纠纷案
　　——自媒体运营者发布"黑稿"损害企业名誉，应承担侵权责任 ………… 113

10. 某饮品公司与某传媒公司名誉权纠纷案
　　——为博取流量散布不实消息影响企业正常经营，应承担侵害名誉权责任 ………… 116

11. 丙公司与甲公司、乙公司网络侵权责任纠纷案
　　——企业征信机构错误关联信息影响企业名誉，应承担侵权责任 ………… 119

12. 某科技公司与李某某网络侵权责任纠纷案
——针对企业创始人的贬损性言论构成对
企业名誉侵害的，应承担相应责任 ········· *122*

13. 某汽车制造公司与马某网络侵权责任纠纷案
——未经实际测评发布不实测评文章，应
承担侵权责任 ······················· *125*

14. 某物联网公司、某网络公司与某餐饮公
司、某食品公司名誉权纠纷案
——依法采取行为保全，及时防止企业名
誉损害扩大 ······················· *128*

附录 相关规定

中华人民共和国民营经济促进法 ············ 133
（2025年4月30日）
中华人民共和国中小企业促进法 ············ 153
（2017年9月1日）
优化营商环境条例 ······················· 167
（2019年10月22日）
公平竞争审查条例 ······················· 188
（2024年6月6日）
公平竞争审查条例实施办法 ················ 194
（2025年2月28日）

第一部分　问答解法

1 | 民营经济促进法的立法目的是什么？

改革开放以来，在党的理论和路线方针政策指引下，我国民营经济从小到大、从弱到强，不断发展壮大，成为国民经济的重要组成部分，在推动发展、促进创新、增加就业、改善民生等方面发挥着重要作用。党的十八大以来，党中央出台一系列重大举措，促进民营经济持续、健康、高质量发展。在新时代新征程上，民营经济必将肩负更大使命、承担更重责任、发挥更大作用，制定出台民营经济促进法，加强民营经济发展的法治保障，正当其时、十分必要。

在此背景下，2025年4月30日，第十四届全国人民代表大会常务委员会第十五次会议表决通过了《中华人民共和国民营经济促进法》（以下简称《民营经济促进法》），自 2025 年 5 月 20 日起施行。根据《民营经济促进法》第一条的规定，其立法目的是优化民营经济发展环境，保证各类经济组织公平参与市场竞争，促进民营经济健康发展和民营经济人士健康成长，构建高水平社会主义市场经济体制，发挥民营经济在国民经济和社会发展中的重要作用。

2 | 制定出台民营经济促进法的重大意义是什么？

第一，制定出台民营经济促进法，是贯彻落实习近平总书记重要指示精神和党中央决策部署的重要举措。

2018年11月、2025年2月，习近平总书记两次出席民营企业座谈会并发表重要讲话，鲜明指出新时代新征程民营经济发展前景广阔、大有可为，对促进民营经济健康发展、高质量发展作出全面部署，为制定民营经济促进法提供了根本遵循。党的十八大以来，党中央就"保证各种所有制经济依法平等使用生产要素、公平参与市场竞争、同等受到法律保护""支持民营企业发展，激发各类市场主体活力""优化民营企业发展环境，依法保护民营企业产权和企业家权益，促进民营经济发展壮大"等作出一系列决策部署，并将"两个毫不动摇"写入新时代坚持和发展中国特色社会主义的基本方略。2023年7月，中共中央、国务院印发关于促进民营经济发展壮大的意见，从总体要求、持续优化民营经济发展环境、加大对民营经济政策支持力度、强化民营经济发展法治保障、着力推动民营经济实现高质量发展、促进民营经济人士健康成长、持续营造关心促进民营经济发展壮大社会氛围、加强组织实施等各方面作出全面部署。党的二十届三中全会将"制定民营经济促进法"列为重要改革举措。2024年中央经济工作会议对出台民营经济促进法提出明确要求。贯彻落实党中央决策部署，制定民营经济促进法，将党中央关于促进民营经济发展的重大方针政策和重要举措上升为法律规范，巩固改革开放四十多年来民营经济发展成果，充分体现了我们党对民营经济发展理论和实践的一脉相承、与时俱进。

第二，制定出台民营经济促进法，是落实宪法规定，坚持和完善社会主义基本经济制度的内在要求。

我国宪法规定："坚持公有制为主体、多种所有制经济共同发展的基本经济制度。"同时，明确国家发展非公有制经济的方针："国家保护个体经济、私营经济等非公有制经济的合法的权利和利益。国家鼓励、支持和引导非公有制经济的发展，并对非公有制经济依法实行监督和管理。"制定民营经济促进法，第一次将"毫不动摇巩固和发展公有制经济，毫不动摇鼓励、支持、引导非公有制经济发展""促进民营经济健康发展和民营经济人士健康成长"写入法律，第一次明确民营经济的法律地位，第一次明确规定促进民营经济持续、健康、高质量发展，是国家长期坚持的重大方针政策。民营经济促进法与宪法关于社会主义基本经济制度的规定贯通起来，将支持和保障民营经济发展的法律制度融入中国特色社会主义法律体系，具有重大的法治意义。

第三，制定出台民营经济促进法，是构建高水平社会主义市场经济体制、促进民营经济高质量发展的客观需要。

当前，我国发展不平衡、不充分的问题仍然突出，世界百年变局加速演进，民营经济发展在面临新的机遇的同时，也遇到许多困难与挑战。民营经济在市场准入、要素获取、服务供给等方面还存在不少阻碍，民营企业自身创新发展能力也还存在一些薄弱环节。制定民营经济促进法，聚焦民营经济健康发展面临的突出问题，进一步完善相关制度措施，有利于营造稳定、公平、透明、可预期的民营经济发展环境。同时，通过立法有针对性地完善促进民营经济发展的制度措施，有利于进一步激发民营经济组织发展内生动力，鼓励、引导广大民营经济组织经营者坚定做中国特色社会主义的建设者、中国式现代化的促进者，发挥民营经济在强国建设、民族复兴伟业中的重要作用。

3 | 制定出台民营经济促进法有什么重要的法治意义？

改革开放40多年来，我国民营经济从小到大、从弱到强，取得了长足的发展。同时，关于民营经济的理论和政策也是一脉相承、与时俱进、不断完善的。习近平总书记说，党和国家对民营经济发展的基本方针政策，已经纳入中国特色社会主义制度体系，将一以贯之坚持和落实，不能变，也不会变。这次制定民营经济促进法，把党和国家关于民营经济发展的基本方针政策和实践中的一些有效做法用法律形式确立下来，将支持和保障民营经济发展的法律纳入中国特色社会主义法律体系。从法治意义上讲，这是有创新意义的。同时，与宪法的很多规定也是贯通的、是衔接的，也是宪法有效落实的一个法治保障。

具体而言，现行宪法确立了以公有制为主体、多种所有制经济共同发展的基本经济制度，同时规定：国家保护个体经济、私营经济等非公有制经济的合法的权利和利益。国家鼓励、支持和引导非公有制经济的发展，并对非公有制经济依法实行监督和管理。《民营经济促进法》在第一条中明确"根据宪法，制定本法"，在第二条中规定：国家坚持和完善公有制为主体、多种所有制经济共同发展，按劳分配为主体、多种分配方式并存，社会主义市场经济体制等社会主义基本经济制度。把"两个毫不动摇"，就是毫不动摇巩固和发展公有制经济，毫不动摇鼓励、支持、引导非公有制经济发展，写入民营经济促进法。同时，明确了民营经济的定位，民营经济是社会主义市场经济的重要组成部分，是推进中国式现代化的生力军，是高质量发展的重要基础，是推动我国全面建成社会主义现代化强国、实现中华民族伟大复兴的重要力量，在法律中明确这个定位，是党中央的科学判断，是社会的共识。促进民营经济持续、健康、高质量发展，是国家长期坚持的重大方针政策。制定这部法律充分表明，我们党和国家对民营经济发展的基本方针政策不会变，也不能变，必将推动支持民营经济高质量发展的法律制度更加健全完备、保障体系更加有力有效。

4 促进民营经济发展工作的基本原则是什么？

根据《民营经济促进法》第二条、第三条的规定，促进民营经济发展工作坚持中国共产党的领导，坚持以人民为中心，坚持中国特色社会主义制度，确保民营经济发展的正确政治方向。

国家坚持和完善公有制为主体、多种所有制经济共同发展，按劳分配为主体、多种分配方式并存，社会主义市场经济体制等社会主义基本经济制度；毫不动摇巩固和发展公有制经济，毫不动摇鼓励、支持、引导非公有制经济发展；充分发挥市场在资源配置中的决定性作用，更好发挥政府作用。

民营经济是社会主义市场经济的重要组成部分，是推进中国式现代化的生力军，是高质量发展的重要基础，是推动我国全面建成社会主义现代化强国、实现中华民族伟大复兴的重要力量。促进民营经济持续、健康、高质量发展，是国家长期坚持的重大方针政策。

国家坚持依法鼓励、支持、引导民营经济发展，更好发挥法治固根本、稳预期、利长远的保障作用。

国家坚持平等对待、公平竞争、同等保护、共同发展的原则，促进民营经济发展壮大。民营经济组织与其他各类经济组织享有平等的法律地位、市场机会和发展权利。

5 促进民营经济发展工作的职责分工是什么？

根据《民营经济促进法》第四条的规定，国务院和县级以上地方人民政府将促进民营经济发展工作纳入国民经济和社会发展规划，建立促进民营经济发展工作协调机制，制定完善政策措施，协调解决民营经济发展中的重大问题。

国务院发展改革部门负责统筹协调促进民营经济发展工作。国务院其他有关部门在各自职责范围内，负责促进民营经济发展相关工作。

县级以上地方人民政府有关部门依照法律法规和本级人民政府确定的职责分工，开展促进民营经济发展工作。

6 | 什么是民营经济组织？

根据《民营经济促进法》第七十七条第一款的规定，民营经济组织，是指在中华人民共和国境内依法设立的由中国公民控股或者实际控制的营利法人、非法人组织和个体工商户，以及前述组织控股或者实际控制的营利法人、非法人组织。

7 民营经济组织及其经营者有哪些义务？

根据《民营经济促进法》第五条、第六条的规定，首先，民营经济组织及其经营者应当拥护中国共产党的领导，坚持中国特色社会主义制度，积极投身社会主义现代化强国建设。国家加强民营经济组织经营者队伍建设，加强思想政治引领，发挥其在经济社会发展中的重要作用；培育和弘扬企业家精神，引导民营经济组织经营者践行社会主义核心价值观，爱国敬业、守法经营、创业创新、回报社会，坚定做中国特色社会主义的建设者、中国式现代化的促进者。

其次，民营经济组织及其经营者从事生产经营活动，应当遵守法律法规，遵守社会公德、商业道德，诚实守信、公平竞争，履行社会责任，保障劳动者合法权益，维护国家利益和社会公共利益，接受政府和社会监督。

8 民营经济促进法主要规定了哪些促进民营经济发展的制度举措？

《民营经济促进法》共九章七十八条，主要规定了以下内容：

（1）促进民营经济发展的指导原则和总体要求；

（2）保障公平竞争；

（3）优化投融资环境；

（4）支持科技创新；

（5）注重规范引导；

（6）强化服务保障；

（7）加强权益保护。

9 民营经济促进法主要规定了哪些保障公平竞争的制度举措？

民营经济促进法着力健全、完善民营经济组织公平参与市场竞争的制度机制，把实践中行之有效的政策和做法确定为法律制度。规定市场准入负面清单以外的领域，包括民营经济组织在内的各类经济组织可以依法平等进入；对落实公平竞争审查制度、定期清理市场准入壁垒、禁止在公共资源交易活动中限制或者排斥民营经济组织等作出规定。

具体而言，根据《民营经济促进法》第二章的规定，主要有如下保障公平竞争的制度举措：

第一，国家实行全国统一的市场准入负面清单制度。市场准入负面清单以外的领域，包括民营经济组织在内的各类经济组织可以依法平等进入。

第二，各级人民政府及其有关部门落实公平竞争审查制度，制定涉及经营主体生产经营活动的政策措施应当经过公平竞争审查，并定期评估，及时清理、废除含有妨碍全国统一市场和公平竞争内容的政策措施，保障民营经济组织公平参与市场竞争。市场监督管理部门负责受理对违反公平竞争审查制度政策措施的举报，并依法处理。

第三，国家保障民营经济组织依法平等使用资金、技术、人力资源、数据、土地及其他自然资源等各类生产要素和公共服务资源，依法平等适用国家支持发展的政策。

第四，各级人民政府及其有关部门依照法定权限，在制定、实施政府资金安排、土地供应、排污指标、公共数据开放、资质许可、标准制定、项目申报、职称评定、评优评先、人力资源等方面的政策措施时，平等对待民营经济组织。

第五，公共资源交易活动应当公开透明、公平公正，依法平等对待包括民营经济组织在内的各类经济组织。除法律另有规定外，招标投标、政府采购等公共资源交易不得有限制或者排斥民营经济组织的行为。

第六，反垄断和反不正当竞争执法机构按照职责权限，预防和制止市场经济活动中的垄断、不正当竞争行为，对滥用行政权力排除、限制竞争的行为依法处理，为民营经济组织提供良好的市场环境。

10 什么是市场准入负面清单制度？

《民营经济促进法》第十条规定："国家实行全国统一的市场准入负面清单制度。市场准入负面清单以外的领域，包括民营经济组织在内的各类经济组织可以依法平等进入。"

市场准入负面清单制度，是指以清单形式将我国境内禁止和经政府许可才能够投资经营的行业、领域、业务汇总列出，各级政府依法采取相应管理措施的一系列制度安排。市场准入负面清单之外，各类经营主体皆可依法平等进入。建立和实行全国统一的市场准入负面清单制度，是党中央、国务院作出的重大决策部署。党的十八届三中全会首次提出"实行统一的市场准入制度"和"制定负面清单"的部署要求,党的十九大进一步提出"全面实施市场准入负面清单制度"。经党中央、国务院批准,国家发展改革委、商务部于2018年印发首版市场准入负面清单,这项制度在全国全面实施,我国市场准入管理理念和模式实现重大转变,成为全球首个针对国内市场准入实行负面清单管理模式的主要经济体。

2025年4月16日,经党中央、国务院批准,国家发展改革委会同商务部、市场监管总局发布《市场准入负面清单(2025年版)》,清单事项数量由2022年版的117项缩减至106项,市场准入限制进一步放宽,市场准入管理更加优化,市场准入制度建设取得新的重要成果。

11 市场准入负面清单制度有哪些核心要求？

市场准入负面清单制度的核心要求体现在以下几个方面：

一是全国统一。也就是实行市场准入"全国一张清单"管理模式，全面统一市场准入制度规则。这是支撑全国统一大市场建设的重要基础性制度安排。具体来说，我国境内各类依法设定的市场准入管理措施，要全部列入全国统一的市场准入负面清单；各类按要求编制的全国层面准入类清单目录，要全部纳入市场准入负面清单管理；各地区、各部门不得另行制定市场准入性质的负面清单，从而做到"一单尽列、单外无单"。

二是事权法定。列入市场准入负面清单的事项，均由法律、行政法规、国务院决定、地方性法规等设立，省、自治区、直辖市政府规章可依法设定临时性市场准入管理措施；经济运行中面临突发重大风险的，部门可采取临时性市场准入管理措施，但必须报党中央、国务院同意；部门规章和各级政府规范性文件等不得违规设立市场准入管理措施，从而确保市场准入制度在法治原则下运行。

三是公开透明。市场准入负面清单事项内容、主管部门等向社会全面公开。对于涉及市场准入行政许可的事项，地方各级政府还要公开法律法规依据、技术标准、许可要求、办理流程、办理时限，确保经营主体可以按照规定的条件和方式合规进入，从而形成稳定、透明、可预期的制度安排，保障公众的知情权。

四是"非禁即入"。市场准入负面清单之外领域，无论是国有企业、民营企业，还是大企业、中小企业，各类经营主体皆可依法平等进入；严禁各级政府部门在清单之外违规设立准入许可、违规增设准入条件、违规设置准入障碍,从而将"剩余决定权"赋予经营主体,推动企业在公平竞争中优胜劣汰、实现高质量发展。

12 | 公平竞争审查制度主要有哪些审查标准?

《民营经济促进法》第十一条规定:"各级人民政府及其有关部门落实公平竞争审查制度,制定涉及经营主体生产经营活动的政策措施应当经过公平竞争审查,并定期评估,及时清理、废除含有妨碍全国统一市场和公平竞争内容的政策措施,保障民营经济组织公平参与市场竞争。市场监督管理部门负责受理对违反公平竞争审查制度政策措施的举报,并依法处理。"

起草涉及经营者经济活动的法律、行政法规、地方性法规、规章、规范性文件以及具体政策措施，行政机关和法律、法规授权的具有管理公共事务职能的组织应当依照《公平竞争审查条例》规定开展公平竞争审查。根据《公平竞争审查条例》第二章的规定，公平竞争审查制度的审查标准主要包括：第一，不得含有限制或者变相限制市场准入和退出的内容；第二，不得含有限制商品、要素自由流动的内容；第三，没有法律、行政法规依据或者未经国务院批准，不得含有影响生产经营成本的内容；第四，不得含有影响生产经营行为的内容；第五，具有或者可能具有排除、限制竞争效果，但符合特定情形，且没有对公平竞争影响更小的替代方案，并能够确定合理的实施期限或者终止条件的，可以出台。

13 根据公平竞争审查制度，限制或者变相限制市场准入和退出的内容主要有哪些？

根据《公平竞争审查条例》第八条的规定，限制或者变相限制市场准入和退出的内容主要包括：

（1）对市场准入负面清单以外的行业、领域、业务等违法设置审批程序；

（2）违法设置或者授予特许经营权；

（3）限定经营、购买或者使用特定经营者提供的商品或者服务；

（4）设置不合理或者歧视性的准入、退出

条件；

（5）其他限制或者变相限制市场准入和退出的内容。

14 | 根据公平竞争审查制度,限制商品、要素自由流动的内容主要有哪些?

根据《公平竞争审查条例》第九条的规定,限制商品、要素自由流动的内容主要包括:

(1)限制外地或者进口商品、要素进入本地市场,或者阻碍本地经营者迁出,商品、要素输出;

(2)排斥、限制、强制或者变相强制外地经营者在本地投资经营或者设立分支机构;

(3)排斥、限制或者变相限制外地经营者参加本地政府采购、招标投标;

（4）对外地或者进口商品、要素设置歧视性收费项目、收费标准、价格或者补贴；

（5）在资质标准、监管执法等方面对外地经营者在本地投资经营设置歧视性要求；

（6）其他限制商品、要素自由流动的内容。

15 根据公平竞争审查制度，影响生产经营成本的内容主要有哪些？

根据《公平竞争审查条例》第十条的规定，影响生产经营成本的内容主要包括：

（1）给予特定经营者税收优惠；

（2）给予特定经营者选择性、差异化的财政奖励或者补贴；

（3）给予特定经营者要素获取、行政事业性收费、政府性基金、社会保险费等方面的优惠；

（4）其他影响生产经营成本的内容。

起草单位起草的政策措施，没有法律、行政法规依据或者未经国务院批准，不得含有以上内容。

16 根据公平竞争审查制度，影响生产经营行为的内容主要有哪些？

根据《公平竞争审查条例》第十一条的规定，影响生产经营行为的内容主要包括：

（1）强制或者变相强制经营者实施垄断行为，或者为经营者实施垄断行为提供便利条件；

（2）超越法定权限制定政府指导价、政府定价，为特定经营者提供优惠价格；

（3）违法干预实行市场调节价的商品、要素的价格水平；

（4）其他影响生产经营行为的内容。

17 公平竞争审查制度有哪些例外情形？

根据《公平竞争审查条例》第十二条的规定，起草单位起草的政策措施，具有或者可能具有排除、限制竞争效果，但符合下列情形之一，且没有对公平竞争影响更小的替代方案，并能够确定合理的实施期限或者终止条件的，可以出台：

（1）为维护国家安全和发展利益的；

（2）为促进科学技术进步、增强国家自主创新能力的；

（3）为实现节约能源、保护环境、救灾救助等社会公共利益的；

（4）法律、行政法规规定的其他情形。

18 民营经济促进法主要规定了哪些优化投融资环境的制度举措?

民营经济促进法完善制度措施,降低制度性交易成本,优化民营经济投资融资环境。具体而言主要包括:

第一,明确支持民营经济组织参与国家重大战略和重大工程,《民营经济促进法》第十六条规定:"支持民营经济组织参与国家重大战略和重大工程。支持民营经济组织在战略性新兴产业、未来产业等领域投资和创业,鼓励开展传统产业技术改造和转型升级,参与现代化基础设施投资建设。"

第二，引导民营经济投资重点领域。《民营经济促进法》第十七条规定："国务院有关部门根据国家重大发展战略、发展规划、产业政策等，统筹研究制定促进民营经济投资政策措施，发布鼓励民营经济投资重大项目信息，引导民营经济投资重点领域。民营经济组织投资建设符合国家战略方向的固定资产投资项目，依法享受国家支持政策。"

第三，完善融资风险市场化分担机制。《民营经济促进法》第十八条规定："支持民营经济组织通过多种方式盘活存量资产，提高再投资能力，提升资产质量和效益。各级人民政府及其有关部门支持民营经济组织参与政府和社会资本合作项目。政府和社会资本合作项目应当合理设置双方权利义务，明确投资收益获得方式、风险分担机制、纠纷解决方式等事项。"

第四，提供更高水平投资服务。《民营经济促进法》第十九条规定："各级人民政府及其有关部门在项目推介对接、前期工作和报建审批事项办理、要素获取和政府投资支持等方面，为民营经济组织投资提供规范高效便利的服务。"

第五，提升金融服务可获得性和便利度。根据《民营经济促进法》第二十条至第二十四条的规定：

（1）国务院有关部门依据职责发挥货币政策工具和宏观信贷政策的激励约束作用，按照市场化、法治化原则，对金融机构向小型微型民营经济组织提供金融服务实施差异化政策，督促引导金融机构合理设置不良贷款容忍度、建立健全尽职免责机制、提升专业服务能力，提高为民营经济组织提供金融服务的水平。

（2）银行业金融机构等依据法律法规，接受符合贷款业务需要的担保方式，并为民营经济组织提供应收账款、仓单、股权、知识产权等权利质押贷款。各级人民政府及其有关部门应当为动产和权利质押登记、估值、交易流通、信息共享等提供支持和便利。

（3）国家推动构建完善民营经济组织融资风险的市场化分担机制，支持银行业金融机构与融资担保机构有序扩大业务合作，共同服务民营经济组织。

（4）金融机构在依法合规前提下，按照市场化、可持续发展原则开发和提供适合民营经济特点的金融产品和服务，为资信良好的民营经济组织融资提供便利条件，增强信贷供给、贷款周期与民营经济组织融资需求、资金使用周期的适配性，提升金融服务可获得性和便利度。金融机构在授信、信贷管理、风控管理、服务收费等方面应当平等对待民营经济组织。金融机构违反与民营经济组织借款人的约定，单方面增加发放贷款条件、中止发放贷款或者提前收回贷款的，依法承担违约责任。

第六，健全多层次资本市场体系。《民营经济促进法》第二十五条规定："健全多层次资本市场体系，支持符合条件的民营经济组织通过发行股票、债券等方式平等获得直接融资。"

19 如何建立健全信用信息归集共享机制？

《民营经济促进法》第二十六条规定："建立健全信用信息归集共享机制，支持征信机构为民营经济组织融资提供征信服务，支持信用评级机构优化民营经济组织的评级方法，增加信用评级有效供给，为民营经济组织获得融资提供便利。"

根据 2024 年 3 月 28 日国务院办公厅印发的《统筹融资信用服务平台建设　提升中小微企业融资便利水平实施方案》，一方面，要明确信用信息归集共享范围。根据金融机构对信用信息的实际需求，进一步扩大信用信息归集共享范围，将企业主要人员信息、各类资质信息、进出口信息等纳入信用信息归集共享清单,国家发展改革委牵头适时对清单进行更新。各地区要充分发挥地方融资信用服务平台作用,进一步破除数据壁垒,依法依规加大清单外信用信息归集共享力度,结合本地区实际编制省级信用信息归集共享清单,有效拓展数据归集共享的广度与深度。

另一方面,要提升信用信息共享质效。对已在国家有关部门实现集中管理的信用信息,要加大"总对总"共享力度。加强数据质量协同治理,统一数据归集标准,及时做好信用信息修复,健全信息更新维护机制,确保数据真实、准确、完整。着力解决数据共享频次不够、接口调用容量不足、部分公共事业信息共享不充分等问题,进一步提升信用信息共享效率。根据数据提供单位需求,定期反馈数据使用情况及成效。国家发展改革委要牵头对各地区和有关部门信用信息共享质效开展评估。

20 | 如何鼓励、支持民营经济组织在科技创新方面发挥作用？

民营经济促进法鼓励、支持民营经济组织在推动科技创新、培育新质生产力、建设现代化产业体系中积极发挥作用。明确支持有能力的民营经济组织牵头承担国家重大技术攻关任务，向民营经济组织开放国家重大科研基础设施。具体而言主要包括：

第一，提供技术创新服务。《民营经济促进法》第二十八条规定："支持民营经济组织参与国家科技攻关项目，支持有能力的民营经济组织牵头承担国家重大技术攻关任务,向民营经济组织开放国家重大科研基础设施,支持公共研究开发平台、共性技术平台开放共享,为民营经济组织技术创新平等提供服务,鼓励各类企业和高等学校、科研院所、职业学校与民营经济组织创新合作机制,开展技术交流和成果转移转化,推动产学研深度融合。"

第二,发挥数据赋能作用。《民营经济促进法》第二十九条规定:"支持民营经济组织依法参与数字化、智能化共性技术研发和数据要素市场建设,依法合理使用数据,对开放的公共数据资源依法进行开发利用,增强数据要素共享性、普惠性、安全性,充分发挥数据赋能作用。"

第三,加强技术应用与合作。《民营经济促进法》第三十一条规定:"支持民营经济组织加强新技术应用,开展新技术、新产品、新服务、新模式应用试验,发挥技术市场、中介服务机构作用,通过多种方式推动科技成果应用推广。鼓励民营经济组织在投资过程中基于商业规则自愿开展技术合作。技术合作的条件由投资各方遵循公平原则协商确定。"

第四，鼓励人才培养使用。《民营经济促进法》第三十二条规定："鼓励民营经济组织积极培养使用知识型、技能型、创新型人才，在关键岗位、关键工序培养使用高技能人才，推动产业工人队伍建设。"

第五，强化知识产权保护。《民营经济促进法》第三十三条规定："国家加强对民营经济组织及其经营者原始创新的保护。加大创新成果知识产权保护力度，实施知识产权侵权惩罚性赔偿制度，依法查处侵犯商标专用权、专利权、著作权和侵犯商业秘密、仿冒混淆等违法行为。加强知识产权保护的区域、部门协作，为民营经济组织提供知识产权快速协同保护、多元纠纷解决、维权援助以及海外知识产权纠纷应对指导和风险预警等服务。"

21 民营经济组织能否参与标准制定工作?

民营经济组织可以参与标准制定工作。根据《民营经济促进法》第三十条的规定,国家保障民营经济组织依法参与标准制定工作,强化标准制定的信息公开和社会监督。

国家为民营经济组织提供科研基础设施、技术验证、标准规范、质量认证、检验检测、知识产权、示范应用等方面的服务和便利。

22 民营经济组织中的中国共产党的组织和党员应该发挥什么作用？

中国共产党是中国工人阶级的先锋队，同时是中国人民和中华民族的先锋队，是中国特色社会主义事业的领导核心，代表中国先进生产力的发展要求，代表中国先进文化的前进方向，代表中国最广大人民的根本利益。中国共产党党员是中国工人阶级的有共产主义觉悟的先锋战士。

根据《民营经济促进法》第三十四条的规定，民营经济组织中的中国共产党的组织和党员，按照中国共产党章程和有关党内法规开展党的活动,在促进民营经济组织健康发展中发挥党组织的政治引领作用和党员先锋模范作用。

23 民营经济组织从事生产经营活动应当履行哪些义务?

根据《民营经济促进法》第三十五条、第三十六条的规定,民营经济组织应当围绕国家工作大局,在发展经济、扩大就业、改善民生、科技创新等方面积极发挥作用,为满足人民日益增长的美好生活需要贡献力量。

民营经济组织从事生产经营活动应当遵守劳动用工、安全生产、职业卫生、社会保障、生态环境、质量标准、知识产权、网络和数据安全、财政税收、金融等方面的法律法规;不得通过贿赂和欺诈等手段牟取不正当利益,不得妨害市场和金融秩序、破坏生态环境、损害劳动者合法权益和社会公共利益。

国家机关依法对民营经济组织生产经营活动实施监督管理。

24 | 如何实现民营经济组织的规范治理？

根据《民营经济促进法》第三十八条的规定："民营经济组织应当完善治理结构和管理制度、规范经营者行为、强化内部监督，实现规范治理；依法建立健全以职工代表大会为基本形式的民主管理制度。鼓励有条件的民营经济组织建立完善中国特色现代企业制度。

"民营经济组织中的工会等群团组织依照法律和章程开展活动，加强职工思想政治引领，维护职工合法权益，发挥在企业民主管理中的作用，推动完善企业工资集体协商制度，促进构建和谐劳动关系。

"民营经济组织的组织形式、组织机构及其活动准则，适用《中华人民共和国公司法》、《中华人民共和国合伙企业法》、《中华人民共和国个人独资企业法》等法律的规定。"

此外，国家支持民营经济组织通过加强技能培训、扩大吸纳就业、完善工资分配制度等，促进员工共享发展成果。

25 民营经济促进法主要规定了哪些规范引导民营经济发展的方针政策？

民营经济促进法完整、准确、全面贯彻落实党中央关于发展民营经济的方针政策。具体而言主要包括：

第一，依法规范和引导民营资本健康发展。《民营经济促进法》第三十七条规定："支持民营资本服务经济社会发展，完善资本行为制度规则，依法规范和引导民营资本健康发展，维护社会主义市场经济秩序和社会公共利益。支持民营经济组织加强风险防范管理，鼓励民营经济组织做优主业、做强实业，提升核心竞争力。"

第二，构建民营经济组织源头防范和治理腐败体制机制，加强廉洁风险防控。《民营经济促进法》第三十九条规定："国家推动构建民营经济组织源头防范和治理腐败的体制机制，支持引导民营经济组织建立健全内部审计制度，加强廉洁风险防控，推动民营经济组织提升依法合规经营管理水平，及时预防、发现、治理经营中违法违规等问题。民营经济组织应当加强对工作人员的法治教育，营造诚信廉洁、守法合规的文化氛围。"

第三，规范会计核算、防止财务造假。《民营经济促进法》第四十条规定："民营经济组织应当依照法律、行政法规和国家统一的会计制度，加强财务管理，规范会计核算，防止财务造假，并区分民营经济组织生产经营收支与民营经济组织经营者个人收支，实现民营经济组织财产与民营经济组织经营者个人财产分离。"

26 | 民营经济组织及其经营者在海外投资经营应当注意哪些问题？

根据《民营经济促进法》第四十三条的规定，民营经济组织及其经营者在海外投资经营应当遵守所在国家或者地区的法律，尊重当地习俗和文化传统，维护国家形象，不得从事损害国家安全和国家利益的活动。

27 | 国家机关及其工作人员在促进民营经济发展工作中有哪些职责和义务？

根据《民营经济促进法》第四十四条的规定，国家机关及其工作人员在促进民营经济发展工作中，应当依法履职尽责。国家机关工作人员与民营经济组织经营者在工作交往中，应当遵纪守法，保持清正廉洁。

各级人民政府及其有关部门建立畅通有效的政企沟通机制，及时听取包括民营经济组织在内各类经济组织的意见建议，解决其反映的合理问题。

28 | 如何强化发展民营经济的服务保障?

民营经济促进法明确建立畅通有效的政企沟通机制,制定与经营主体生产经营活动密切相关的规范性文件等应当注重听取意见;与有关法律相衔接,明确规定法不溯及既往原则。强化行政执法监督,坚决遏制"乱收费、乱罚款、乱检查、乱查封"等行为。具体而言,主要包括:

第一,高效便利办理涉企事项。《民营经济促进法》第四十六条规定:"各级人民政府及其有关部门应当及时向社会公开涉及经营主体的优惠政策适用范围、标准、条件和申请程序等,为民营经济组织申请享受有关优惠政策提供便利。"第四十八条规定:"登记机关应当为包括民营经济组织在内的各类经济组织提供依法合规、规范统一、公开透明、便捷高效的设立、变更、注销等登记服务,降低市场进入和退出成本。个体工商户可以自愿依法转型为企业。登记机关、税务机关和有关部门为个体工商户转型为企业提供指引和便利。"

第二,完善人才激励政策。《民营经济促进法》第四十九条规定:"鼓励、支持高等学校、科研院所、职业学校、公共实训基地和各类职业技能培训机构创新人才培养模式,加强职业教育和培训,培养符合民营经济高质量发展需求的专业人才和产业工人。人力资源和社会保障部门建立健全人力资源服务机制,搭建用工和求职信息对接平台,为民营经济组织招工用工提供便利。各级人民政府及其有关部门完善人才激励和服务保障政策措施,畅通民营经济组织职称评审渠道,为民营经济组织引进、培养高层次及紧缺人才提供支持。"

第三,健全信用修复制度。《民营经济促进法》第五十四条规定:"健全失信惩戒和信用修复制度。实施失信惩戒，应当依照法律、法规和有关规定，并根据失信行为的事实、性质、轻重程度等采取适度的惩戒措施。民营经济组织及其经营者纠正失信行为、消除不良影响、符合信用修复条件的，可以提出信用修复申请。有关国家机关应当依法及时解除惩戒措施，移除或者终止失信信息公示，并在相关公共信用信息平台实现协同修复。"

第四，健全纠纷多元化解机制。《民营经济促进法》第五十五条规定："建立健全矛盾纠纷多元化解机制，为民营经济组织维护合法权益提供便利。司法行政部门组织协调律师、公证、司法鉴定、基层法律服务、人民调解、商事调解、仲裁等相关机构和法律咨询专家，参与涉及民营经济组织纠纷的化解，为民营经济组织提供有针对性的法律服务。"

第五，发挥行业协会商会作用。《民营经济促进法》第五十六条规定："有关行业协会商会依照法律、法规和章程，发挥协调和自律作用，及时反映行业诉求，为民营经济组织及其经营者提供信息咨询、宣传培训、市场拓展、权益保护、纠纷处理等方面的服务。"

第六，加强海外综合服务和权益保护。《民营经济促进法》第五十七条规定："国家坚持高水平对外开放，加快构建以国内大循环为主体、国内国际双循环相互促进的新发展格局；支持、引导民营经济组织拓展国际交流合作，在海外依法合规开展投资经营等活动；加强法律、金融、物流等海外综合服务，完善海外利益保障机制，维护民营经济组织及其经营者海外合法权益。"

29 | 对民营经济组织及其经营者进行行政处罚时应当注意什么？

根据《民营经济促进法》第五十一条的规定："对民营经济组织及其经营者违法行为的行政处罚应当按照与其他经济组织及其经营者同等原则实施。对违法行为依法需要实施行政处罚或者采取其他措施的，应当与违法行为的事实、性质、情节以及社会危害程度相当。违法行为具有《中华人民共和国行政处罚法》规定的从轻、减轻或者不予处罚情形的，依照其规定从轻、减轻或者不予处罚。"

30 | 各级人民政府及其有关部门如何提升对民营经济组织的监管效能？

根据《民营经济促进法》第五十二条的规定，各级人民政府及其有关部门推动监管信息共享互认，根据民营经济组织的信用状况实施分级分类监管，提升监管效能。

除直接涉及公共安全和人民群众生命健康等特殊行业、重点领域依法依规实行全覆盖的重点监管外，市场监管领域相关部门的行政检查应当通过随机抽取检查对象、随机选派执法检查人员的方式进行，抽查事项及查处结果及时向社会公开。针对同一检查对象的多个检查事项，应当尽可能合并或者纳入跨部门联合检查范围。

31 | 各级人民政府及其有关部门如何强化行政执法监督？

根据《民营经济促进法》第五十三条的规定，各级人民政府及其有关部门建立健全行政执法违法行为投诉举报处理机制，及时受理并依法处理投诉举报，保护民营经济组织及其经营者合法权益。

司法行政部门建立涉企行政执法诉求沟通机制，组织开展行政执法检查，加强对行政执法活动的监督，及时纠正不当行政执法行为。

32 | 民营经济组织及其经营者的哪些权利受法律保护？

根据《民营经济促进法》第五十八条、第五十九条的规定，首先，民营经济组织及其经营者的人身权利、财产权利以及经营自主权等合法权益受法律保护，任何单位和个人不得侵犯。

其次，民营经济组织的名称权、名誉权、荣誉权和民营经济组织经营者的名誉权、荣誉权、隐私权、个人信息等人格权益受法律保护。

33 | 互联网时代,如何保护民营经济组织及其经营者的人格权益?

根据《民营经济促进法》第五十九条的规定,任何单位和个人不得利用互联网等传播渠道,以侮辱、诽谤等方式恶意侵害民营经济组织及其经营者的人格权益。

网络服务提供者应当依照有关法律法规规定,加强网络信息内容管理,建立健全投诉、举报机制,及时处置恶意侵害当事人合法权益的违法信息,并向有关主管部门报告。

人格权益受到恶意侵害的民营经济组织及其经

营者有权依法向人民法院申请采取责令行为人停止有关行为的措施。民营经济组织及其经营者的人格权益受到恶意侵害致使民营经济组织生产经营、投资融资等活动遭受实际损失的，侵权人依法承担赔偿责任。

34 | 国家机关及其工作人员开展调查、实施强制措施应当如何避免影响正常生产经营活动？

根据《民营经济促进法》第六十条的规定，一方面，国家机关及其工作人员依法开展调查或者要求协助调查，应当避免或者尽量减少对正常生产经营活动产生影响。

另一方面，实施限制人身自由的强制措施，应当严格依照法定权限、条件和程序进行。

35 征收、征用民营经济组织财产有哪些要求？

根据《民营经济促进法》第六十一条的规定，征收、征用民营经济组织财产的要求主要包括：

第一，应当严格依照法定权限、条件和程序进行。

第二，为了公共利益的需要，依照法律规定征收、征用财产的，应当给予公平、合理的补偿。

第三，任何单位不得违反法律、法规向民营经济组织收取费用，不得实施没有法律、法规依据的罚款，不得向民营经济组织摊派财物。

36 查封、扣押、冻结民营经济组织涉案财物有哪些要求?

根据《民营经济促进法》第六十二条的规定,查封、扣押、冻结涉案财物,应当遵守法定权限、条件和程序,严格区分违法所得、其他涉案财物与合法财产,民营经济组织财产与民营经济组织经营者个人财产,涉案人财产与案外人财产,不得超权限、超范围、超数额、超时限查封、扣押、冻结财物。对查封、扣押的涉案财物,应当妥善保管。

37 | 办理涉民营经济组织及其经营者的案件应当注意什么？

根据《民营经济促进法》第六十三条的规定，办理涉民营经济组织及其经营者的案件应当注意：

第一，严格区分经济纠纷与经济犯罪，遵守法律关于追诉期限的规定。

第二，生产经营活动未违反刑法规定的，不以犯罪论处；事实不清、证据不足或者依法不追究刑事责任的，应当依法撤销案件、不起诉、终止审理或者宣告无罪。

第三，禁止利用行政或者刑事手段违法干预经济纠纷。

38 应当如何规范涉民营经济组织及其经营者的异地执法行为？

根据《民营经济促进法》第六十四条的规定，规范异地执法行为，建立健全异地执法协助制度。办理案件需要异地执法的，应当遵守法定权限、条件和程序。国家机关之间对案件管辖有争议的，可以进行协商，协商不成的，提请共同的上级机关决定，法律另有规定的从其规定。

禁止为经济利益等目的滥用职权实施异地执法。

39 | 如何规范政府履约践诺，加强涉民营经济组织的账款支付保障？

根据《民营经济促进法》第六十七条至第七十条的规定，第一，国家机关、事业单位、国有企业应当依法或者依合同约定及时向民营经济组织支付账款，不得以人员变更、履行内部付款流程或者在合同未作约定情况下以等待竣工验收批复、决算审计等为由，拒绝或者拖延支付民营经济组织账款；除法律、行政法规另有规定外，不得强制要求以审计结果作为结算依据。审计机关依法对国家机关、事业单位和国有企业支付民营经济组织账款情况进行审计监督。

第二，大型企业向中小民营经济组织采购货物、工程、服务等，应当合理约定付款期限并及时支付账款，不得以收到第三方付款作为向中小民营经济组织支付账款的条件。人民法院对拖欠中小民营经济组织账款案件依法及时立案、审理、执行，可以根据自愿和合法的原则进行调解，保障中小民营经济组织合法权益。

第三，县级以上地方人民政府应当加强账款支付保障工作，预防和清理拖欠民营经济组织账款；强化预算管理，政府采购项目应当严格按照批准的预算执行；加强对拖欠账款处置工作的统筹指导，对有争议的鼓励各方协商解决，对存在重大分歧的组织协商、调解。协商、调解应当发挥工商业联合会、律师协会等组织的作用。

第四，地方各级人民政府及其有关部门应当履行依法向民营经济组织作出的政策承诺和与民营经济组织订立的合同，不得以行政区划调整、政府换届、机构或者职能调整以及相关人员更替等为由违约、毁约。因国家利益、社会公共利益需要改变政策承诺、合同约定的,应当依照法定权限和程序进行,并对民营经济组织因此受到的损失予以补偿。

40 | 侵害民营经济组织及其经营者合法权益的，如何承担法律责任？

《民营经济促进法》第七十四条规定："违反本法规定，侵害民营经济组织及其经营者合法权益，其他法律、法规规定行政处罚的，从其规定；造成人身损害或者财产损失的，依法承担民事责任；构成犯罪的，依法追究刑事责任。"具体而言，根据《民营经济促进法》第七十一条至第七十三条的规定：

第一，未经公平竞争审查或者未通过公平竞争审查出台政策措施，或在招标投标、政府采购等公共资源交易中限制或者排斥民营经济组织的，由有权机关责令改正，造成不良后果或者影响的，对负有责任的领导人员和直接责任人员依法给予处分。

第二，违反法律规定实施征收、征用或者查封、扣押、冻结等措施的，由有权机关责令改正，造成损失的，依法予以赔偿；造成不良后果或者影响的，对负有责任的领导人员和直接责任人员依法给予处分。

第三，违反法律规定实施异地执法的，由有权机关责令改正，造成不良后果或者影响的，对负有责任的领导人员和直接责任人员依法给予处分。

第四，国家机关、事业单位、国有企业违反法律、行政法规规定或者合同约定，拒绝或者拖延支付民营经济组织账款，地方各级人民政府及其有关部门不履行向民营经济组织依法作出的政策承诺、依法订立的合同的，由有权机关予以纠正，造成损失的，依法予以赔偿；造成不良后果或者影响的，对负有责任的领导人员和直接责任人员依法给予处分。

第五，大型企业违反法律、行政法规规定或者合同约定，拒绝或者拖延支付中小民营经济组织账款的，依法承担法律责任。

41 | 民营经济组织及其经营者违法的，要承担什么法律责任？

根据《民营经济促进法》第七十五条、第七十六条的规定，民营经济组织及其经营者生产经营活动违反法律、法规规定，由有权机关责令改正，依法予以行政处罚；造成人身损害或者财产损失的，依法承担民事责任；构成犯罪的，依法追究刑事责任。

民营经济组织及其经营者采取欺诈等不正当手段骗取表彰荣誉、优惠政策等的，应当撤销已获表彰荣誉、取消享受的政策待遇，依法予以处罚；构成犯罪的，依法追究刑事责任。

第二部分 典型案例

1 | 重庆力帆实业（集团）股份有限公司及其十家全资子公司司法重整案[①]

基本案情

力帆实业（集团）股份有限公司（简称力帆股份）成立于1997年，2010年在上海证券交易所上市，首次公开发行2亿股，募集资金29亿元，是中国首家在A股上市的民营乘用车企业。力帆股份及其持有的十家全资子公司已形成了主营汽车、摩托

---

① 编者注：部分案例标题与内容有微调。
参见《人民法院助推民营经济高质量发展典型民商事案例》，载最高人民法院官网，https：//www.court.gov.cn/zixun/xiangqing/320231.html，2025年5月6日访问。案件案号：重庆市第五中级人民法院（2020）渝05破193号。

车及发动机产销的跨国性企业集团,曾十度入选中国企业500强,出口金额连续多年位居重庆市第一。然而,因汽车、摩托车行业深度转型,同时受战略投资亏损、内部管理不善等综合因素影响,力帆系企业自2017年起逐渐陷入经营和债务危机,巨额金融债务违约、主要资产被抵押、质押,主营业务基本处于停滞状态。2020年6月,债权人以力帆股份不能清偿到期债务且明显缺乏清偿能力为由,向法院申请对力帆股份实施重整。同年7月,债权人以力帆乘用车、力帆汽销、力帆进出口、力帆摩发、力帆汽发等力帆股份的十家全资子公司不能清偿到期债务且资产不足以清偿全部债务或明显缺乏清偿能力为由,向法院申请对十家子公司实施重整。重庆市第五中级人民法院裁定受理了对力帆股份及其十家子公司的重整申请,并分别指定力帆系企业清算组为管理人。截至2020年评估基准日,力帆股份及其十家全资子公司资产评估总值为77.15亿余元;截至2020年11月,债权人申报债权共计267.71亿余元。在假定破产清算状态下,力帆股份普通债权清偿率为12.65%。

裁判结果

为维持企业营运价值，重庆五中院在受理重整申请后，决定力帆股份及十家子公司继续营业，同时从2020年8月开始，指导管理人发布重整投资人招募公告，经过严格审查，最终确定国有投资平台重庆两江股权投资基金管理有限公司和民营企业吉利迈捷投资有限公司组成的联合体，作为战略投资人。2020年11月，力帆股份及其出资人会议以及十家全资子公司债权人会议，均高票通过重整计划草案。重庆五中院批准重整计划并终止重整程序。2021年2月，重庆五中院作出裁定，确认重整计划执行完毕并终结重整程序。

典型意义

力帆股份司法重整案，是国内首家汽摩行业上市公司司法重整案。通过司法重整，整体化解了企业危机，维护了6万余户中小投资者、5700余名职工的合法利益，保障了上下游产业链千余家企业的正常生产经营。重庆五中院在该案的司法重整中,充分发挥"府院"协调机制作用,创新采用"财务投资人+产业投资人"的模式引入战略投资人,形成了推动企业重生的双重"驱动力",即一方面,通过国有平台公司和民营企业共同牵头设立投资基金引入社会资本参与企业重整,为企业发展给予资金支持;另一方面,通过行业龙头企业导入新技术、新业态,将传统的汽车、摩托车制造业务升级为智能新能源汽车产业新生态。经过司法重整,助力力帆股份产业转型升级,推动了民营企业高质量发展。之后,上海证券交易所撤销了对力帆股份(601777)的退市风险警示及其他风险警示,"ST力帆"现已更名为"力帆科技",截至今年8月27日,总市值280.35亿元。力帆股份及十家子公司也都实现了扭亏为盈,全面实现了企业脱困重生。

2 | 广西柳州正菱集团有限公司及53家关联企业合并重整案[①]

基本案情

成立于 2003 年的柳州正菱集团有限公司（简称正菱集团）是广西第一家集汽车、发动机、机床三大主机制造于一体的民营企业，第一家拥有从旋窑水泥、商用混凝土等建筑材料到建筑施工、房地产开发产业链的民营企业，也是一家能够提供担

---

① 参见《人民法院助推民营经济高质量发展典型民商事案例》，载最高人民法院官网，https：//www.court.gov.cn/zixun/xiangqing/320231.html，2025 年 5 月 6 日访问。案件案号：广西壮族自治区高级人民法院（2018）桂破 1 号。

保、金融服务的跨区域发展、多元化经营的综合性大型民营企业，曾两度入选全国民营企业500强。然而，由于经营扩张过快导致资金链断裂，企业经营亏损，以2014年5月28日柳州市公安局宣布对正菱集团涉嫌非法吸收公众存款犯罪立案侦查为标志，开始爆发严重债务危机。正菱集团与53家关联公司陷入大量诉讼纠纷，涉债总额超过380亿元，诉讼纠纷除了广西，还涉及江苏、福建、湖南等全国多个地区。由于诉讼纠纷，导致其资产全部被查封，严重资不抵债，不能清偿到期债务。为解决可能引发的社会问题，柳州市委、市政府及相关部门采取了多种措施，但未取得预期效果。2018年，由于各方强烈要求，柳州市委、市政府建议由高级法院受理本案以便在全区范围内统筹协调、整体把控，债务人与其债权人也达成共识请求由高级法院受理本案，广西壮族自治区高级人民法院遂以该案属于全区重大、疑难、复杂的案件，裁定予以受理。

裁判结果

2018年12月，广西高院裁定确认管理人将广西金融投资集团城建发展有限公司确认为本案重整投资人程序合法。投资人共计投入36亿元用以清偿本案各类债务和费用，实现了重整费用、共益债务、建设工程债权、职工劳动债权、税收债权以及10万元以下的小额债权清偿率100%。2019年1月，广西高院裁定批准重整计划草案，并终止重整程序，该司法重整案圆满审结。

典型意义

正菱集团及53家关联企业司法重整案，是全国首例由高级法院受理的54名关联债务人实质合并重整案件。广西高院仅用时6个多月，实现债权人会议高票赞成通过了相关重整计划草案。目前，管理人已与投资方完成资产交接，投资方已按重整计划草案约定时间支付了投资款。该案成功化解债务总额超过380亿元，涉及不含劳动债权的债权人多达2039人，盘活破产企业资产价值约150亿元，化解诉讼案件约470件，涉案金额约77亿元。取得了四方面突出成效：一是涉案26家金融机构债权全额或高额清偿，维护了地区金融安全；二是税务债权全额清偿，确保了国家税收和税源稳定；三是职工债权全额清偿，保障了职工基本生存权，同时10万元以下债权全额清偿，确保了1922笔普通债权中每个债权人都有收获；四是解决执行案件2300余件，为基本解决执行难提供新路径。

该案的典型意义有三：第一，充分保障各类债权人合法权益。为公平保障更多债权人利益，在保障抵押担保债权人权益前提下，以12亿元重整资金专门解决非担保债权，使得破产重整费用、共益债务、建设工程债权、职工劳动债权、税收债权以及10万元以下的小额债权人均得到全额清偿。第二，高质量审结、高效实践了多个关联公司实质合并重整的模式。为利于整合资源，提高司法效率，避免损害债权人利益，且关联公司与主要债权人均向法院明确表示合并受理符合债权人整体利益并书面请求合并受理，广西高院将54名债务人实质合并重整，仅用 6 个多月彻底解决了困扰五年多的社会问题，是实质合并重整的典型案例，具有较好的标杆示范意义。第三，盘活生产型企业和土地类资产，助力地方经济增长。对具备基本盘活条件的生产型企业，通过厂房维修、升级改造等方式增加资产储备价值，引入战略投资者从根本"救活"企业。截至 2020 年 12 月，企业经营实现收入 61550 万元。对重整项目资产中的土地类资产，积极引进国内知名房地产企业，打造品质楼盘，促成项目落地。同时积极配合政府对老旧城区的城市更新规划，改善地块周边居民的生活环境，打造城市新风貌。

3 | 华融国际信托有限责任公司与山西梅园华盛能源开发有限公司等金融借款合同纠纷案[1]

基本案情

2013年5月30日,华融国际信托有限责任公司(简称华融信托)与山西梅园华盛能源开发有限公司(简称梅园华盛)(借款人)签订《信托贷款合同》,约定分期发放贷款4.1亿元,贷款期限30

---

[1] 参见《人民法院助推民营经济高质量发展典型民商事案例》,载最高人民法院官网,https://www.court.gov.cn/zixun/xiangqing/320231.html,2025年5月6日访问。案件案号:一审:北京市高级人民法院(2016)京民初77号;二审:最高人民法院(2019)最高法民终1081号。

个月，并就利息、罚息、违约金等进行了约定。2014年6月20日，梅园华盛与华融信托签订《财务顾问协议》，约定梅园华盛根据贷款发放进度分期支付财务顾问费用3405万元。后因梅园华盛未能如期还款，华融信托诉至法院。

裁判结果

一审判令梅园华盛向华融信托支付借款本金3.893亿元及利息，以及按日0.05%标准计算的违约金，按借款总额支付20%的违约金等。最高人民法院二审认为，因华融信托不能举证证明其为梅园华盛提供了何种具体的财务顾问服务，应当认定其未提供。结合贷款实际发放和梅园华盛支付财务顾问费的时间，财务顾问费用分期支付之时，华融信托的贷款尚未发放完成，应当认定案涉3405万元财务顾问费为预先收取的利息，并在计算欠款本金时予以扣除。另外，《信托贷款合同》约定了贷款期限的前24个月按12%计息，后6个月按14%计息，逾期贷款本金按贷款日利率的150%按日计收罚息，并对应付未付利息按贷款日利率的150%按日计收复利；不按约定归集资金的，按贷款本金余额的0.05%按日计收违约金（年化为18%），未及时偿还全部借款的，还应另行支付已发放贷款本金20%的违约金。加上作为"砍头息"收取的财务顾问费用3405万元约为贷款总额的8.3%，贷款人华融信托同时主张的利息、复利、罚息、违约金和其他费用过高，显著背离实际损失，应当依法予以调减。

典型意义

坚持以人民为中心的发展思想，就是要在高质量发展中促进共同富裕，正确处理效率和公平的关系，取缔非法收入，切实降低实体企业的实际融资成本，促进社会公平正义。该案贷款人共计借出款项4.098亿元，同时以财务顾问费的形式，在每次放款前均要求借款人提前支付"砍头息"，共计3405万元，约为贷款总额的8.3%。二审法院因贷款人不能举证证明其为借款人具体提供了何种财务顾问服务，故认定其实际未提供财务顾问服务，将收取的高额财务顾问费用认定为以顾问费名义预先收取利息，在计算欠款本金时予以扣除。同时，原借款合同约定了非常复杂的利息、复利、罚息、违约金以及其他费用的计算方式，给实体企业增加了沉重的违约负担。二审依法予以调整，体现了人民法院秉持以人民为中心促进共同富裕的理念，依法保护合法收入，坚决取缔非法收入。

4 | 江苏镇江市丹徒区宝堰镇前隍村委会与镇江山水湾生态农业开发有限公司土地承包经营权纠纷案[1]

基本案情

2007年，经江苏省镇江市丹徒区人民政府招商引资，镇江山水湾生态农业开发有限公司（简称山水湾公司）与该区前隍村村民委员会签订多份土

---

[1] 参见《人民法院助推民营经济高质量发展典型民商事案例》，载最高人民法院官网，https://www.court.gov.cn/zixun/xiangqing/320231.html，2025年5月6日访问。案件案号：一审：江苏省镇江市丹徒区人民法院（2018）苏1112民初1388号；二审：江苏省镇江市中级人民法院（2019）苏11民终2551号。

地承包经营权转让协议，先期承包该村近 900 亩土地，计划投资 4.45 亿元用于特色农业生产开发。合同签订后，山水湾公司介绍已先后投入 3 亿余元用于拆迁、道路、机耕道、土地整形、生态沟渠、日光温室、苗木栽培等项目建设。后由于山水湾公司法定代表人遭遇交通事故等原因，山水湾公司自 2015 年起开始拖延支付土地流转使用费。2016 年度的土地承包使用费由前隍村村委会提供担保，山水湾公司向他人借款后支付给村委会，再由村委会发放给各农户；2017 年度土地承包使用费由山水湾公司向前隍村村委会借款 70 万元向各农户发放；2017 年年底起，前隍村村委会又多次向山水湾公司催要 2018 年度的土地租金未果，遂诉至法院要求解除合同，返还所承租的近 900 亩土地。

裁判结果

镇江市丹徒区人民法院一审认定山水湾公司违约，判令解除合同并返还土地。镇江市中级人民法院二审认为，山水湾公司在本案争议发生前，已经取得了相关部门的项目规划许可，并投入大量资金和人力用于项目建设。本案山水湾公司的违约并未根本影响合同目的的实现，如果判令解除合同将造成社会资源的巨大浪费。二审法院积极与前隍村村委会沟通，分析山水湾公司运营给村集体带来的经济利益，最终村委会同意就合同继续履行与山水湾公司进行协商。之后，法院又积极联系山水湾公司，提出改善经营的意见建议。经过多次耐心细致工作，最终村委会与山水湾公司双方达成了调解协议，土地承包协议继续履行，山水湾公司限期支付土地承包费。

典型意义

实施乡村振兴战略，是以习近平同志为核心的党中央从党和国家事业全局出发，从实现中华民族伟大复兴着眼，顺应亿万农民对美好生活向往作出的重大决策。人民法院积极服务乡村振兴战略，精准对接脱贫地区司法需求，鼓励引导民营企业投身乡村振兴，实现民营企业"万企帮万村"精准扶贫和乡村振兴阶段"万企兴万村"的有效衔接。本案山水湾公司开发项目包括田园综合体、文旅、康养等，为附近村民提供了更多的就业机会，支付给村委会的租金增加了部分农户收入，并带动整个乡村生态环境和基础设施的改善。但由于该公司法定代表人遭遇交通事故等原因，未能按时足额缴纳土地承包费，以致产生诉讼。二审法院镇江中院从振兴乡村经济出发，深入乡村考察、积极组织双方在庭外进行协商调解，为企业经营献言献策、解决后顾之忧，既化解了双方之间的矛盾，又推动当地特色农业项目继续推进。

5 陕西西安西电变压器有限责任公司与鹤壁国龙物流有限公司承揽合同纠纷案[①]

基本案情

2011年1月,鹤壁国龙物流有限公司(简称国龙公司)与西安西电变压器有限责任公司(简称西电公司)签订《购销合同》,约定国龙公司向西

[①] 参见《人民法院助推民营经济高质量发展典型民商事案例》,载最高人民法院官网,https://www.court.gov.cn/zixun/xiangqing/320231.html,2025年5月6日访问。案件案号:一审:陕西省西安市莲湖区人民法院(2020)陕0104民初414号;二审:陕西省西安市中级人民法院(2020)陕01民终9472号;再审审查:陕西省高级人民法院(2021)陕民申1670号。

电公司购买两台电力变压器,单价749.5万元,共计1499万元,交货时间为2011年6月15日。2011年7月,西电公司向国龙公司发函称:"恰逢国家重点工程1000KV、750KV可控电抗器也在近期交货,造成了交货期的冲突,由于以上与国家重点项目的冲突,加之我司生产能力的局限,造成贵司项目产品交货时间推迟。"最终国龙公司确认实际交货时间为2011年10月16日,实际迟延履行123天。 2019年1月,西电公司在河南省鹤壁市淇县人民法院提起诉讼,要求国龙公司支付剩余货款105.6万元。经一、二审法院审理,该案支持了西电公司的诉请。国龙公司遂提起本案诉讼,要求西电公司支付逾期交货的违约金134.91万元。

裁判结果

西安市莲湖区人民法院认为,西电公司主张其延迟交货属于不可抗力的理由不能成立,该行为属于违约行为,应当承担相应的违约责任。莲湖区法院判令西电公司支付国龙公司违约金134.91万元。

西安市中级人民法院二审维持了一审判决。陕西省高级人民法院再审审查驳回了西电公司的再审申请。

典型意义

平等保护各类市场主体合法权益是民商事审判的基本要求，不允许因为市场主体的身份不同而区别对待。本案西电公司隶属大型国有中央企业，国龙公司为河南省中小微民营企业。购销合同的订立和履行早在2011年，西电公司迟至2019年才诉请主张支付剩余货款。该案获得支持后，国龙公司提起本案诉讼，要求西电公司支付当年逾期交货的违约金。对此，西电公司虽承认逾期交货的事实，但抗辩主张其是因为需要提前履行其他合同才导致本案合同延迟交货。西电公司认为，需要提前履行的其他合同涉及国家重点工程暨公共利益，属于不可抗力，因此西电公司不应承担违约责任。对此，法院认为，西电公司作为市场经济主体，应当根据其生产能力，按照订单难易程度等科学合理地安排生产，其对于合同的正常履约应在合同签订时即有预见，出现不同订单之间的时间冲突也并非完全不能避免和不能克服，其完全可以通过其他市场经济手段（如追加投入扩大产能、进行延期谈判合理变更合同、支付违约金等方式）予以规避，而不能将市场经营风险等同于不可抗力进而试图逃避违约责任。因此，法院认定西电公司迟延履行交货义务的行为构成违约行为，应当承担违约责任。该判决既保护中小微企业的合法利益，又引导企业尊重市场规则和合同约定，彰显了法院在民商事案件审理中坚持依法平等、全面保护各类市场主体的合法权益，优化了市场化法治化营商环境。

6 | 某文化旅游公司、某集团公司与某银行支行等撤销不良贷款记录纠纷案①
——判决银行更正企业信用评价与信用信息，维护企业信誉和品牌价值

裁判要旨

银行作为信用信息提供者，对企业信用信息的调整负有严格的审查义务，在信用评价不当的情况

---

① 参见《人民法院助力中小微企业发展典型案例》，载最高人民法院官网，https：//www.court.gov.cn/zixun/xiangqing/355361.html，2025年5月6日访问。

下，应及时对错误的信用信息进行更正。

基本案情

2013年12月12日，某文化旅游公司与某银行支行签订《房地产借款合同》，向该行借款2.6亿元，借款期限为3年。某文化旅游公司、某集团公司为上述借款提供担保。2016年12月15日，某银行支行与某文化旅游公司、某集团公司签订《借款合同要素变更协议》，分别延长原借款合同项下分次提款的借据对应的借款期限。其中，有共计1.12亿元借款的期限延长至2018年5月31日。2018年4月，案涉贷款被降低信用评级，在中国人民银行征信中心被归为不良贷款。某文化旅游公司、某集团公司起诉请求判令某银行支行立即删除某文化旅游公司、某集团公司在中国人民银行征信中心的不良贷款记录。该诉讼请求一审被驳回。山东省青岛市中级人民法院二审认为，某银行支行对某文化旅游公司贷款信用等级的调整负有严格审查义务，某银行支行未能证明将某文化旅游公司的正常贷款认定为不良贷款的合法性，将其上传中国人民银行征信系统，在对企业商业信誉造成不良后果的情况下，实施了调整信用等级的行为，致使金融系统对某文化旅游公司、某集团公司的公众评价降低，给企业形象造成了影响。因此，某银行支行的行为构成对某文化旅游公司、某集团公司名誉权的侵犯，故某文化旅游公司、某集团公司要求撤销其在某银行支行以及在中国人民银行征信中心的不良贷款记录的诉讼请求理由成立，予以支持。

典型意义

本案涉及企业信用评价和信用信息保护，人民法院在审理过程中对信用信息主体、信用信息提供者、信用信息处理者之间的关系进行了积极探索，在平衡各方权益的基础上，厘清不同主体的权利义务边界，提出银行作为信用信息提供者，对企业信用信息的调整负有严格的审查义务，在信用评价不当的情况下，应及时对错误的信用信息进行更正，确保了信用评价体系能够更加精准反映企业的信用状况，也有效维护了企业信誉和品牌价值，减少了企业在市场交易过程中的阻力和困难，提高了企业的贷款可得性。

7 甲租赁公司与乙公司融资租赁合同纠纷案[①]
——对变相利息不予支持，降低企业融资成本

裁判要旨

融资租赁公司以收取服务费、代收保险费为名扣收的款项属于变相高息，增加了中小微企业的融资成本，对融资租赁公司收取的变相利息不予支持。

---

① 参见《人民法院助力中小微企业发展典型案例》，载最高人民法院官网，https：//www.court.gov.cn/zixun/xiangqing/355361.html，2025年5月6日访问。

基本案情

乙公司为中小微企业。甲租赁公司与乙公司签订了《买卖合同》,甲租赁公司向乙公司购买标的物并出租给乙公司,合同约定标的物价款为100万元。双方还签订《融资租赁合同》,约定出租人根据承租人指定,购买租赁物并出租给承租人使用,约定逾期利息及违约责任,并约定每月租金金额。合同项下所有租赁物完成了交付,甲租赁公司扣除履约保证金200000元、服务费38500元、首付租金11280元、保险费2642元后,实际向乙公司支付款项仅为747578元。后乙公司无力还款,甲租赁公司起诉请求判令乙公司支付合同项下19—35期全部未付租金509000元及第1—18期租金逾期利息、违约金等。一审判决认定的乙公司应付租金总额仅扣除了已支付的租金、履约保证金200000元、首付租金11280元,并未扣除服务费38500元及保险费2642元。广东省广州市中级人民法院二审认为,因甲租赁公司在本案中未能举证就其扣收的服务费具体提供了何种服务,也未能举证证明其代收保险费后缴纳了相应保险项目费用，故以收取服务费、代收保险费为名扣收的款项属于变相高息，增加了乙公司的融资成本，不应得到支持，上述费用亦应在未付租金中予以扣减，乙公司向甲租赁公司应计付的违约金基数也应作相应调整，遂予以改判。

典型意义

人民法院在审判工作中助力解决中小微企业融资贵的问题，依法审理融资纠纷，降低不合理的融资利率。对资金融出方收取的利息，以及以咨询费、担保费等其他费用为名收取的变相利息，依法严格认定，对超出法定保护范围的部分不予支持。本案中，租赁公司收取服务费、代收保险费，但未能举证就其扣收的服务费具体提供了何种服务，也未能举证证明其代收保险费后实际缴纳了相应保险项目费用，增加了用款企业的融资成本，人民法院依法认定该等费用属于变相高息，不予支持，降低了中小微企业的融资成本，解决了中小微企业发展面临的资金困难。

8 某果蔬公司破产清算转重整案[①]

——积极推动破产清算转重整，挽救农企复苏，保护农民工利益，助力脱贫攻坚与乡村振兴

裁判要旨

对于因现金流受限而陷入困境但具备重整价值和拯救可能的农企，通过破产清算转重整，公开招募引入第三方投资人注资，挽救农企走出困境。

[①] 参见《人民法院助力中小微企业发展典型案例》，载最高人民法院官网，https://www.court.gov.cn/zixun/xiangqing/355361.html，2025年5月6日访问。

基本案情

某果蔬公司位于城郊，主营业务为瓜果蔬菜等农产品的种植、销售和配送服务，被评为当地"市级农业龙头企业""市级扶贫龙头企业""省级扶贫龙头企业"，并且持有省级著名商标，与县内21家企业、学校及政府部门签订有果蔬配送协议，在行业内具有较高的知名度和影响力。为了扩大经营规模，该公司贷款新建办公楼、农产品交易中心，截至案发时的固定资产有土地3300平方米、厂房7060平方米，均已设置抵押担保。自2017年起因不能清偿到期债务而被起诉。上述财产评估价2364.2821万元，执行期间三次流拍（保留价1306.8万元），债权人于2021年1月向浙江省常山县人民法院申请破产清算。经调查，债权总额为2362.29355万元，其中担保债权1745.61万元，另涉及29名职工的工资26.03万元、社会保险费13.25万元和劳务报酬114.3万元。法院在破产审查过程中，发现债务人陷入财务危机的真正原因是现金流受限，如果能够注入资金，存在复苏的可能；该企业系省级扶贫农业龙头企业，拥有省级著名商标，且主营业务和营销网络有市场前景，完全具备重整价值和拯救可能。遂主动释法明理，引导债务人申请重整。2021年4月2日，根据某果蔬公司的申请，裁定该案由清算程序转为重整程序。2021年4月14日，管理人对外公开发布招募公告，某贸易公司于同年5月12日提交了《重整投资意向书》并缴纳保证金。法院指导管理人及时编制了《重整方案（草案）》：一是投资人注资1310万元，并获得目标公司100%的股权；二是从重整对价中提取153万余元用于支付29名职工的劳动债权和劳务报酬，未受完全清偿的抵押债权列入普通债权按比例清偿；三是普通债权的清偿率为6.66%。经表决，全体债权人一致同意上述重整方案。法院根据管理人申请，于2021年9月14日裁定批准上述重整计划，现已执行完毕。

典型意义

人民法院在审理中小微企业破产案件中，对于已经进入破产程序但具有挽救价值的中小微企业，积极引导企业通过破产重整、和解等程序，全面解决企业债务危机，公平有序清偿相应债权，使企业获得再生。本案中，某果蔬公司作为欠发达县域的省级扶贫农业龙头企业，通过破产重整程序得以重生，不单企业本身走出困境，而且创造更多就业岗位吸附农村劳动力就近就业；同时，通过切实保护农民工劳务报酬，有效防止因"破"致贫和因"破"返贫，助力巩固脱贫攻坚成果；通过把更多的资金、企业家引入欠发达地区农企，为农业产业注入新的血液，以产业振兴促进乡村振兴，助力实施乡村振兴战略。

9 | 某房地产经纪公司与杨某某网络侵权责任纠纷案[①]

——自媒体运营者发布"黑稿"损害企业名誉，应承担侵权责任

基本案情

杨某某系房地产领域自媒体账号运营者。在某房地产经纪公司与某房地产开发商签订分销代理合同的前一日，杨某某在其运营的自媒体账号中发布

[①] 参见《依法保护企业名誉权 构建法治化营商环境 最高法发布企业名誉权司法保护典型案例》，载最高人民法院官网，https://www.court.gov.cn/zixun/xiangqing/455051.html，2025年5月6日访问。

评论文章，在没有事实依据的情况下，就某房地产经纪公司分销代理行为评价为"搅乱市场""打劫同行"等，同时使用"诈骗""捣乱""强盗""抢劫""无赖"等侮辱性词汇评价，引发较多社会关注和传播。某房地产经纪公司认为，杨某某在其关键经营节点发布文章恶意诋毁，相关内容给自己品牌信誉造成了严重负面影响。某房地产经纪公司诉至法院，请求判令杨某某赔礼道歉并赔偿损失。

裁判结果

审理法院认为，杨某某发布的评论文章内容严重失实，含有大量侮辱性言语，已超出合理评论的范围。该评论文章经广泛传播，足以使公众对某房地产经纪公司的经营行为形成负面评价，影响企业品牌信誉。杨某某作为房地产领域自媒体运营者，对其发布的文章会被关注房地产行业的用户阅知应当是明知的，其未对所发表文章的真实性负责，存在主观过错，应承担法律责任。而且，杨某某发布案涉文章的时间恰在某房地产经纪公司签订分销代理合同的前一日，内容直指某房地产经纪公司的经营行为，影响合同签订及履行的目的明显。杨某某的行为不仅侵害企业名誉权，也对正常的市场秩序产生不良影响。最终判决：杨某某赔礼道歉并赔偿损失。

典型意义

企业名誉是社会对其商业信誉、经营能力等多方面因素的综合评价。良好的名誉是企业长时间合法诚信经营沉淀而成的宝贵财富，也是企业生存发展和壮大的社会信用基础。自媒体传播具有成本低、速度快、范围广等特点，如果自媒体运营者针对企业发布严重失实的负面评论，将很容易损害企业树之不易的形象，玷污企业名誉。对此行为，如不依法判令承担责任，不仅有损企业权益和企业家信心，而且容易滋生"黑稿产业链"，破坏公平有序的市场秩序。本案中，人民法院认定自媒体运营者损害企业名誉，构成侵权，有利于严厉惩戒恶意中伤企业名誉的行为，引导自媒体规范运营，构建健康清朗的网络空间。

10 | 某饮品公司与某传媒公司名誉权纠纷案[①]
——为博取流量散布不实消息影响企业正常经营，应承担侵害名誉权责任

基本案情

某传媒公司是行业领先的深度信息资讯平台，在向某饮品公司人员询问该公司是否裁员的信息时，得到"暂时没有"的反馈。但该传媒公司随即

---

① 参见《依法保护企业名誉权 构建法治化营商环境 最高法发布企业名誉权司法保护典型案例》，载最高人民法院官网，https://www.court.gov.cn/zixun/xiangqing/455051.html，2025年5月6日访问。

在数个社交平台公众号发布文章,标题含有"独家""传某饮品公司裁员20%"等表述,文章近半内容描述该饮品公司裁员及经营困境。该文章被多家媒体转发,导致上述不实信息广泛传播。某饮品公司认为某传媒公司侵害其名誉权,诉至法院,请求某传媒公司赔礼道歉并赔偿损失。

裁判结果

审理法院认为,某饮品公司作为民事主体享有名誉权。对该公司人员状况、经营状况的报道和评价,往往会造成公众对公司、品牌的社会评价变化。本案中,某传媒公司未经认真调查核实即发布文章传播某饮品公司裁员的不实信息,客观上对该公司的名誉造成了负面评价,侵害了某饮品公司的名誉权,应当承担赔偿责任。最终判决:某传媒公司向某饮品公司赔礼道歉并赔偿损失。

典型意义

网络媒体报道企业新闻应依法依规,确保客观真实。商业网络媒体对拟报道的事件也负有认真调查核实的义务。对企业经营状况的不实报道会影响社会公众对企业的评价，进而对企业生产经营造成不利影响。实践中，有些网络媒体为吸引"眼球"、博取流量，在未认真调查核实的情况下发布关于企业的不实信息，制造热点、创造话题，客观上容易侵害企业名誉权。本案中，人民法院判令某传媒公司承担名誉权侵权责任，既维护了某饮品公司的合法权益，又有利于规范网络媒体行为。

11 丙公司与甲公司、乙公司网络侵权责任纠纷案[①]

——企业征信机构错误关联信息影响企业名誉，应承担侵权责任

基本案情

甲公司、乙公司系企业征信机构，共同经营企业征信平台。丙公司在该征信平台中发现，案外人"卢某"犯合同诈骗罪、单位行贿罪、侵占罪、挪

[①] 参见《依法保护企业名誉权 构建法治化营商环境 最高法发布企业名誉权司法保护典型案例》，载最高人民法院官网，https://www.court.gov.cn/zixun/xiangqing/455051.html，2025年5月6日访问。

用资金罪，其犯罪信息被关联到同名的丙公司董事长卢某的信息中。而且，与丙公司及其董事长卢某无关的多家吊销未注销的企业信息也被关联到丙公司。丙公司认为，甲公司、乙公司的行为侵害了其名誉权，对其正常商业及融资活动造成严重负面影响。丙公司诉至法院，请求判令甲公司、乙公司删除、更正错误信息，赔礼道歉并赔偿损失。

裁判结果

审理法院认为，甲公司、乙公司在其运营的企业征信平台中展示了丙公司及其董事长卢某的信息，还包括同名的案外人"卢某"被认定为犯罪的信息及多家吊销未注销的企业信息。以上信息对外发布，将使不特定公众对丙公司的经营行为产生质疑，客观上降低其社会评价。甲公司、乙公司对于上述错误关联的信息未尽到与其能力相匹配的注意义务，已构成对丙公司名誉权的侵害。综合考量甲公司、乙公司的过错程度、侵权行为方式、案涉信息的影响范围等因素，丙公司应承担相应的侵权责任。最终判决：甲公司、乙公司向丙公司发布致歉声明并赔偿损失。

典型意义

实践中，企业征信平台在强化市场主体信用、维护交易安全、强化社会监督等方面具有积极作用。但是，征信平台运用算法进行大数据加工利用，在收集、加工、使用、公开相关信息时，应保证信息的真实、准确，避免错误和虚假信息误导公众、侵害企业名誉，对企业经营活动造成不良影响。本案中，人民法院认定经营征信平台的企业征信机构应对数据利用的错误结果承担相应责任，有利于督促该类机构审慎处理相关信息，及时做好信息更新与服务跟进，确保数据来源合法、内容准确，在拓展自身业态的同时不损害其他市场主体合法权益。

12 | 某科技公司与李某某网络侵权责任纠纷案①
——针对企业创始人的贬损性言论构成对企业名誉侵害的，应承担相应责任

基本案情

某科技公司是国内科技行业知名企业，由王某创建并担任法定代表人。李某某是自媒体从业人员，注册运营多个自媒体账号。李某某在其运营的

---

① 参见《依法保护企业名誉权 构建法治化营商环境 最高法发布企业名誉权司法保护典型案例》，载最高人民法院官网，https：//www.court.gov.cn/zixun/xiangqing/455051.html，2025年5月6日访问。

自媒体账号中发布了多篇关于某科技公司及其法定代表人王某的评论文章，其中包含针对某科技公司及王某的贬损性内容。某科技公司认为李某某的行为侵害了其名誉权。某科技公司诉至法院，请求判令李某某删除案涉文章、赔礼道歉并赔偿损失。

裁判结果

审理法院认为，结合案涉言论的前后具体情境、一般大众的理解等，可以综合判断李某某发布内容指向了某科技公司及其关联企业。评价王某的言论均发布在评价某科技公司及其关联企业商业经营行为的语境中，系对企业经营行为的影射与提炼。王某与上述企业名誉高度关联，当某些针对王某的关乎商业经营的评价出现时，公众一般会直接联想到某科技公司。因此，某科技公司可以就案涉言论，包括针对王某的言论主张权利。案涉言论具有明显贬损意义、缺乏事实依据，已构成对某科技公司名誉权的侵害。最终判决：李某某删除案涉文章、赔礼道歉并赔偿损失。

典型意义

企业创始人对企业的经营发展具有重大影响。尤其是对于知名企业，企业创始人名誉与企业名誉高度关联。正常商业经营中，对企业创始人的贬损性言论容易对企业名誉产生影响，可能构成对企业名誉权的侵害。本案中，行为人既有针对某科技公司的贬损性言论，又有针对其创始人商业经营行为的贬损性言论，人民法院支持企业就案涉侵权言论提出的诉请，有利于企业更全面、更有力地维护其名誉权。

13 | 某汽车制造公司与马某网络侵权责任纠纷案[1]
——未经实际测评发布不实测评文章，应承担侵权责任

基本案情

某汽车制造公司为新能源汽车领域知名企业。马某为汽车行业职业测评人，就职于汽车测评机构。马某在其社交平台公众号就某汽车制造公司内部管理、经营行为、产品设计、质量等发布不实信

---

[1] 参见《依法保护企业名誉权 构建法治化营商环境 最高法发布企业名誉权司法保护典型案例》，载最高人民法院官网，https://www.court.gov.cn/zixun/xiangqing/455051.html，2025年5月6日访问。

息，而且在未经实际测评也无其他依据的情况下，对该公司制造的汽车作出"跑偏""制动失效""质量堪忧"等描述。某汽车制造公司诉至法院，请求判令马某停止侵权、赔礼道歉并赔偿损失。

裁判结果

审理法院认为，马某作为具备一定专业知识的汽车测评从业人员，负有较普通消费者更高的审慎义务，在发布关于汽车测评的言论时，应客观公正。马某在未进行实际测评且无其他依据的情况下作出的关于某汽车制造公司及其旗下产品的评论内容，缺乏事实依据，降低公众对该产品的社会评价，侵害该公司名誉权。最终判决：马某公开赔礼道歉并赔偿损失。

典型意义

产品测评是互联网经济下的一种市场评价方式。测评人依据自身专业知识和实践测试对特定经营者、商品和服务作出评价和建议，可以为消费者提供决策参考。测评人应客观地发布测评内容,真实反映产品的质量、功能等,避免不当言论侵害经营者合法权益。实践中,个别测评博主、测评公众号在未经实际测评且无事实依据的情况下,发布虚假的测评信息,该行为不仅会误导消费者,还可能侵害相关主体的名誉权,破坏正常市场秩序。本案判决有助于厘清测评言论的合理边界,引导规范测评领域相关行为。

14 | 某物联网公司、某网络公司与某餐饮公司、某食品公司名誉权纠纷案[①]
——依法采取行为保全，及时防止企业名誉损害扩大

基本案情

某物联网公司与某网络公司系关联公司。某餐饮公司与某食品公司系关联公司。某物联网公司与某餐饮公司因供应商品的质量问题产生争议，某餐

[①] 参见《依法保护企业名誉权 构建法治化营商环境 最高法发布企业名誉权司法保护典型案例》，载最高人民法院官网，https://www.court.gov.cn/zixun/xiangqing/455051.html，2025年5月6日访问。

饮公司、某食品公司前往某物联网公司、某网络公司线下门店拉横幅，横幅中含有侮辱性文字，影响门店日常经营。某餐饮公司、某食品公司还陆续通过多家网络平台发布涉及某物联网公司和某网络公司的视频、图文等，其中含有贬损性内容，引发较大社会关注。某物联网公司、某网络公司诉至法院，提供相应担保，申请法院采取行为保全，责令某餐饮公司、某食品公司立即删除已发布的视频等内容，并停止实施相关行为。

裁判结果

审理法院认为，民事主体依法享有名誉权。为避免申请人在案件审理过程中继续遭受难以弥补的损害，法院可以依法责令被申请人作出一定行为或者禁止被申请人作出一定行为。本案中，某餐饮公司和某食品公司的横幅、视频、图文中包含较多贬损性内容，其行为具有较高的侵权可能性，若不采取措施，将导致某物联网公司、某网络公司的损害继续扩大。某物联网公司、某网络公司申请行为保全并提供了担保，该申请具有正当性和必要性，可采取行为保全措施。最终裁定：某餐饮公司、某食品公司立即删除案涉视频、图文并停止实施在线下门店出示横幅等行为。

典型意义

当前市场环境中通讯方式发达，侵害名誉的影响传播速度快、影响范围广，权利人对权利救济的效率需求较高。人民法院需统筹把握好程序审查和实体审理，针对具有较高侵权可能性的行为，可以根据当事人的申请，依法适用行为保全制度。本案中，人民法院充分考量侵权行为、损害后果以及权利救济的必要性和紧迫性等因素，依法及时适用行为保全制度，有助于及时有效保护企业名誉，避免损害结果进一步扩大，让正义及时抵达。

附录 相关规定

中华人民共和国民营经济促进法

（2025年4月30日第十四届全国人民代表大会常务委员会第十五次会议通过　2025年4月30日中华人民共和国主席令第46号公布　自2025年5月20日起施行）

目　录

第一章　总　则
第二章　公平竞争
第三章　投资融资促进
第四章　科技创新
第五章　规范经营
第六章　服务保障
第七章　权益保护
第八章　法律责任
第九章　附　则

第一章　总　则

第一条　为优化民营经济发展环境，保证各类经济组织公平参与市场竞争，促进民营经济健康发展和民营经济人士健康成长，构建高水平社会主义市场经济体制，发挥民营经济在国民经济和社会发展中的重要作用，根据宪法，制定本法。

第二条 促进民营经济发展工作坚持中国共产党的领导，坚持以人民为中心，坚持中国特色社会主义制度，确保民营经济发展的正确政治方向。

国家坚持和完善公有制为主体、多种所有制经济共同发展，按劳分配为主体、多种分配方式并存，社会主义市场经济体制等社会主义基本经济制度；毫不动摇巩固和发展公有制经济，毫不动摇鼓励、支持、引导非公有制经济发展；充分发挥市场在资源配置中的决定性作用，更好发挥政府作用。

第三条 民营经济是社会主义市场经济的重要组成部分，是推进中国式现代化的生力军，是高质量发展的重要基础，是推动我国全面建成社会主义现代化强国、实现中华民族伟大复兴的重要力量。促进民营经济持续、健康、高质量发展，是国家长期坚持的重大方针政策。

国家坚持依法鼓励、支持、引导民营经济发展，更好发挥法治固根本、稳预期、利长远的保障作用。

国家坚持平等对待、公平竞争、同等保护、共同发展的原则，促进民营经济发展壮大。民营经济组织与其他各类经济组织享有平等的法律地位、市场机会和发展权利。

第四条 国务院和县级以上地方人民政府将促进民营经济发展工作纳入国民经济和社会发展规划，建立促进民营经济发展工作协调机制，制定完善政策措施，协调解决民营经济发展中的重大问题。

国务院发展改革部门负责统筹协调促进民营经济发展工作。国务院其他有关部门在各自职责范围内，负责促进民营经济发展相关工作。

县级以上地方人民政府有关部门依照法律法规和本级人民政府确定的职责分工，开展促进民营经济发展工作。

第五条 民营经济组织及其经营者应当拥护中国共产党的领导，坚持中国特色社会主义制度，积极投身社会主义现代化强国建设。

国家加强民营经济组织经营者队伍建设，加强思想政治引领，发挥其在经济社会发展中的重要作用；培育和弘扬企业家精神，引导民营经济组织经营者践行社会主义核心价值观，爱国敬业、守法经营、创业创新、回报社会，坚定做中国特色社会主义的建设者、中国式现代化的促进者。

第六条 民营经济组织及其经营者从事生产经营活动，应当遵守法律法规，遵守社会公德、商业道德，诚实守信、公平竞争，履行社会责任，保障劳动者合法权益，维护国家利益和社会公共利益，接受政府和社会监督。

第七条 工商业联合会发挥在促进民营经济健康发展和民营经济人士健康成长中的重要作用，加强民营经济组织经营者思想政治建设，引导民营经济组织依法经营，提高服务民营经济水平。

第八条 加强对民营经济组织及其经营者创新创造等先进事迹的宣传报道，支持民营经济组织及其经营者参与评选表彰，引导形成尊重劳动、尊重创造、尊重企业家的社会环境，营造全社会关心、支持、促进民营经济发展的氛围。

第九条 国家建立健全民营经济统计制度，对民营经济发展情况进行统计分析，定期发布有关信息。

第二章 公平竞争

第十条 国家实行全国统一的市场准入负面清单制度。市场准入负面清单以外的领域，包括民营经济组织在内的各类经济组织可以依法平等进入。

第十一条 各级人民政府及其有关部门落实公平竞争审查制度，制定涉及经营主体生产经营活动的政策措施应当经过公平竞争审查，并定期评估，及时清理、废除含有妨碍全国统一市场和公平竞争内容的政策措施，保障民营经济组织公平参与市场竞争。

市场监督管理部门负责受理对违反公平竞争审查制度政策措施的举报，并依法处理。

第十二条 国家保障民营经济组织依法平等使用资金、技术、人力资源、数据、土地及其他自然资源等各类生产要素和公共服务资源，依法平等适用国家支持发展的政策。

第十三条 各级人民政府及其有关部门依照法定权限，在制定、实施政府资金安排、土地供应、排污指标、公共数据开放、资质许可、标准制定、项目申报、职称评定、评优评先、人力资源等方面的政策措施时，平等对待民营经济组织。

第十四条 公共资源交易活动应当公开透明、公平公正，依法平等对待包括民营经济组织在内的各类经济组织。

除法律另有规定外，招标投标、政府采购等公共资源交易不得有限制或者排斥民营经济组织的行为。

第十五条 反垄断和反不正当竞争执法机构按照职责权限，预防和制止市场经济活动中的垄断、不正当竞争行为，对滥用行政权力排除、限制竞争的行为依法处理，为民营经济组织提供良好的市场环境。

第三章　投资融资促进

第十六条 支持民营经济组织参与国家重大战略和重大工程。支持民营经济组织在战略性新兴产业、未来产业等领域投资和创业，鼓励开展传统产业技术改造和转型升级，参与现代化基础设施投资建设。

第十七条 国务院有关部门根据国家重大发展战略、发展规划、产业政策等，统筹研究制定促进民营经济投资政策措施，发布鼓励民营经济投资重大项目信息，引导民营经济投资重点领域。

民营经济组织投资建设符合国家战略方向的固定资产投资项目，依法享受国家支持政策。

第十八条 支持民营经济组织通过多种方式盘活存量

资产，提高再投资能力，提升资产质量和效益。

各级人民政府及其有关部门支持民营经济组织参与政府和社会资本合作项目。政府和社会资本合作项目应当合理设置双方权利义务，明确投资收益获得方式、风险分担机制、纠纷解决方式等事项。

第十九条 各级人民政府及其有关部门在项目推介对接、前期工作和报建审批事项办理、要素获取和政府投资支持等方面，为民营经济组织投资提供规范高效便利的服务。

第二十条 国务院有关部门依据职责发挥货币政策工具和宏观信贷政策的激励约束作用，按照市场化、法治化原则，对金融机构向小型微型民营经济组织提供金融服务实施差异化政策，督促引导金融机构合理设置不良贷款容忍度、建立健全尽职免责机制、提升专业服务能力，提高为民营经济组织提供金融服务的水平。

第二十一条 银行业金融机构等依据法律法规，接受符合贷款业务需要的担保方式，并为民营经济组织提供应收账款、仓单、股权、知识产权等权利质押贷款。

各级人民政府及其有关部门应当为动产和权利质押登记、估值、交易流通、信息共享等提供支持和便利。

第二十二条 国家推动构建完善民营经济组织融资风险的市场化分担机制，支持银行业金融机构与融资担保机构有序扩大业务合作，共同服务民营经济组织。

第二十三条 金融机构在依法合规前提下，按照市化、可持续发展原则开发和提供适合民营经济特点的金融产品和服务，为资信良好的民营经济组织融资提供便利条件，增强信贷供给、贷款周期与民营经济组织融资需求、资金使用周期的适配性，提升金融服务可获得性和便利度。

第二十四条 金融机构在授信、信贷管理、风控管理、服务收费等方面应当平等对待民营经济组织。

金融机构违反与民营经济组织借款人的约定，单方面增加发放贷款条件、中止发放贷款或者提前收回贷款的，依法承担违约责任。

第二十五条 健全多层次资本市场体系，支持符合条件的民营经济组织通过发行股票、债券等方式平等获得直接融资。

第二十六条 建立健全信用信息归集共享机制，支持征信机构为民营经济组织融资提供征信服务，支持信用评级机构优化民营经济组织的评级方法，增加信用评级有效供给，为民营经济组织获得融资提供便利。

第四章　科技创新

第二十七条 国家鼓励、支持民营经济组织在推动科技创新、培育新质生产力、建设现代化产业体系中积极发挥作用。引导民营经济组织根据国家战略需要、行业发展趋势和世界科技前沿，加强基础性、前沿性研究，开发关键核心技术、共性基础技术和前沿交叉技术，推动科技创新和产业创新融合发展，催生新产业、新模式、新动能。

引导非营利性基金依法资助民营经济组织开展基础研究、前沿技术研究和社会公益性技术研究。

第二十八条 支持民营经济组织参与国家科技攻关项目，支持有能力的民营经济组织牵头承担国家重大技术攻关任务，向民营经济组织开放国家重大科研基础设施，支持公共研究开发平台、共性技术平台开放共享，为民营经济组织技术创新平等提供服务，鼓励各类企业和高等学校、科研院所、职业学校与民营经济组织创新合作机制，开展技术交流和成果转移转化，推动产学研深度融合。

第二十九条 支持民营经济组织依法参与数字化、智能化共性技术研发和数据要素市场建设，依法合理使用数据，对开放的公共数据资源依法进行开发利用，增强数据要素共享性、普惠性、安全性，充分发挥数据赋能作用。

第三十条 国家保障民营经济组织依法参与标准制定工作，强化标准制定的信息公开和社会监督。

国家为民营经济组织提供科研基础设施、技术验证、标准规范、质量认证、检验检测、知识产权、示范应用等方面的服务和便利。

第三十一条 支持民营经济组织加强新技术应用，开展新技术、新产品、新服务、新模式应用试验，发挥技术市场、中介服务机构作用，通过多种方式推动科技成果应用推广。

鼓励民营经济组织在投资过程中基于商业规则自愿开

展技术合作。技术合作的条件由投资各方遵循公平原则协商确定。

第三十二条　鼓励民营经济组织积极培养使用知识型、技能型、创新型人才，在关键岗位、关键工序培养使用高技能人才，推动产业工人队伍建设。

第三十三条　国家加强对民营经济组织及其经营者原始创新的保护。加大创新成果知识产权保护力度，实施知识产权侵权惩罚性赔偿制度，依法查处侵犯商标专用权、专利权、著作权和侵犯商业秘密、仿冒混淆等违法行为。

加强知识产权保护的区域、部门协作，为民营经济组织提供知识产权快速协同保护、多元纠纷解决、维权援助以及海外知识产权纠纷应对指导和风险预警等服务。

第五章　规范经营

第三十四条　民营经济组织中的中国共产党的组织和党员，按照中国共产党章程和有关党内法规开展党的活动，在促进民营经济组织健康发展中发挥党组织的政治引领作用和党员先锋模范作用。

第三十五条　民营经济组织应当围绕国家工作大局，在发展经济、扩大就业、改善民生、科技创新等方面积极发挥作用，为满足人民日益增长的美好生活需要贡献力量。

第三十六条　民营经济组织从事生产经营活动应当遵守劳动用工、安全生产、职业卫生、社会保障、生态环境、质量标准、知识产权、网络和数据安全、财政税收、金融等方面的法律法规；不得通过贿赂和欺诈等手段牟取不正当利益，不得妨害市场和金融秩序、破坏生态环境、损害劳动者合法权益和社会公共利益。

国家机关依法对民营经济组织生产经营活动实施监督管理。

第三十七条 支持民营资本服务经济社会发展，完善资本行为制度规则，依法规范和引导民营资本健康发展，维护社会主义市场经济秩序和社会公共利益。支持民营经济组织加强风险防范管理，鼓励民营经济组织做优主业、做强实业，提升核心竞争力。

第三十八条 民营经济组织应当完善治理结构和管理制度、规范经营者行为、强化内部监督，实现规范治理；依法建立健全以职工代表大会为基本形式的民主管理制度。鼓励有条件的民营经济组织建立完善中国特色现代企业制度。

民营经济组织中的工会等群团组织依照法律和章程开展活动，加强职工思想政治引领，维护职工合法权益，发挥在企业民主管理中的作用，推动完善企业工资集体协商制度，促进构建和谐劳动关系。

民营经济组织的组织形式、组织机构及其活动准则，适用《中华人民共和国公司法》、《中华人民共和国合伙企业法》、《中华人民共和国个人独资企业法》等法律的规定。

第三十九条　国家推动构建民营经济组织源头防范和治理腐败的体制机制，支持引导民营经济组织建立健全内部审计制度，加强廉洁风险防控，推动民营经济组织提升依法合规经营管理水平，及时预防、发现、治理经营中违法违规等问题。

民营经济组织应当加强对工作人员的法治教育，营造诚信廉洁、守法合规的文化氛围。

第四十条　民营经济组织应当依照法律、行政法规和国家统一的会计制度，加强财务管理，规范会计核算，防止财务造假，并区分民营经济组织生产经营收支与民营经济组织经营者个人收支，实现民营经济组织财产与民营经济组织经营者个人财产分离。

第四十一条　支持民营经济组织通过加强技能培训、扩大吸纳就业、完善工资分配制度等，促进员工共享发展成果。

第四十二条　探索建立民营经济组织的社会责任评价体系和激励机制，鼓励、引导民营经济组织积极履行社会责任，自愿参与公益慈善事业、应急救灾等活动。

第四十三条　民营经济组织及其经营者在海外投资经营应当遵守所在国家或者地区的法律，尊重当地习俗和文化传统，维护国家形象，不得从事损害国家安全和国家利益的活动。

第六章　服务保障

第四十四条　国家机关及其工作人员在促进民营经济

发展工作中，应当依法履职尽责。国家机关工作人员与民营经济组织经营者在工作交往中，应当遵纪守法，保持清正廉洁。

各级人民政府及其有关部门建立畅通有效的政企沟通机制，及时听取包括民营经济组织在内各类经济组织的意见建议，解决其反映的合理问题。

第四十五条 国家机关制定与经营主体生产经营活动密切相关的法律、法规、规章和其他规范性文件，最高人民法院、最高人民检察院作出属于审判、检察工作中具体应用法律的相关解释，或者作出有关重大决策，应当注重听取包括民营经济组织在内各类经济组织、行业协会商会的意见建议；在实施前应当根据实际情况留出必要的适应调整期。

根据《中华人民共和国立法法》的规定，与经营主体生产经营活动密切相关的法律、法规、规章和其他规范性文件，属于审判、检察工作中具体应用法律的解释，不溯及既往，但为了更好地保护公民、法人和其他组织的权利和利益而作的特别规定除外。

第四十六条 各级人民政府及其有关部门应当及时向社会公开涉及经营主体的优惠政策适用范围、标准、条件和申请程序等，为民营经济组织申请享受有关优惠政策提供便利。

第四十七条 各级人民政府及其有关部门制定鼓励民营经济组织创业的政策，提供公共服务，鼓励创业带动就业。

第四十八条 登记机关应当为包括民营经济组织在内的各类经济组织提供依法合规、规范统一、公开透明、便捷高效的设立、变更、注销等登记服务，降低市场进入和退出成本。

个体工商户可以自愿依法转型为企业。登记机关、税务机关和有关部门为个体工商户转型为企业提供指引和便利。

第四十九条 鼓励、支持高等学校、科研院所、职业学校、公共实训基地和各类职业技能培训机构创新人才培养模式，加强职业教育和培训，培养符合民营经济高质量发展需求的专业人才和产业工人。

人力资源和社会保障部门建立健全人力资源服务机制，搭建用工和求职信息对接平台，为民营经济组织招工用工提供便利。

各级人民政府及其有关部门完善人才激励和服务保障政策措施，畅通民营经济组织职称评审渠道，为民营经济组织引进、培养高层次及紧缺人才提供支持。

第五十条 行政机关坚持依法行政。行政机关开展执法活动应当避免或者尽量减少对民营经济组织正常生产经营活动的影响，并对其合理、合法诉求及时响应、处置。

第五十一条 对民营经济组织及其经营者违法行为的行政处罚应当按照与其他经济组织及其经营者同等原则实

施。对违法行为依法需要实施行政处罚或者采取其他措施的，应当与违法行为的事实、性质、情节以及社会危害程度相当。违法行为具有《中华人民共和国行政处罚法》规定的从轻、减轻或者不予处罚情形的，依照其规定从轻、减轻或者不予处罚。

第五十二条 各级人民政府及其有关部门推动监管信息共享互认，根据民营经济组织的信用状况实施分级分类监管，提升监管效能。

除直接涉及公共安全和人民群众生命健康等特殊行业、重点领域依法依规实行全覆盖的重点监管外，市场监管领域相关部门的行政检查应当通过随机抽取检查对象、随机选派执法检查人员的方式进行，抽查事项及查处结果及时向社会公开。针对同一检查对象的多个检查事项，应当尽可能合并或者纳入跨部门联合检查范围。

第五十三条 各级人民政府及其有关部门建立健全行政执法违法行为投诉举报处理机制，及时受理并依法处理投诉举报，保护民营经济组织及其经营者合法权益。

司法行政部门建立涉企行政执法诉求沟通机制，组织开展行政执法检查，加强对行政执法活动的监督，及时纠正不当行政执法行为。

第五十四条 健全失信惩戒和信用修复制度。实施失信惩戒，应当依照法律、法规和有关规定，并根据失信行为的事实、性质、轻重程度等采取适度的惩戒措施。

民营经济组织及其经营者纠正失信行为、消除不良影响、符合信用修复条件的，可以提出信用修复申请。有关国家机关应当依法及时解除惩戒措施，移除或者终止失信信息公示，并在相关公共信用信息平台实现协同修复。

第五十五条 建立健全矛盾纠纷多元化解机制，为民营经济组织维护合法权益提供便利。

司法行政部门组织协调律师、公证、司法鉴定、基层法律服务、人民调解、商事调解、仲裁等相关机构和法律咨询专家，参与涉及民营经济组织纠纷的化解，为民营经济组织提供有针对性的法律服务。

第五十六条 有关行业协会商会依照法律、法规和章程，发挥协调和自律作用，及时反映行业诉求，为民营经济组织及其经营者提供信息咨询、宣传培训、市场拓展、权益保护、纠纷处理等方面的服务。

第五十七条 国家坚持高水平对外开放，加快构建以国内大循环为主体、国内国际双循环相互促进的新发展格局；支持、引导民营经济组织拓展国际交流合作，在海外依法合规开展投资经营等活动；加强法律、金融、物流等海外综合服务，完善海外利益保障机制，维护民营经济组织及其经营者海外合法权益。

第七章　权益保护

第五十八条 民营经济组织及其经营者的人身权利、财产权利以及经营自主权等合法权益受法律保护，任何单位和个人不得侵犯。

第五十九条 民营经济组织的名称权、名誉权、荣誉权和民营经济组织经营者的名誉权、荣誉权、隐私权、个人信息等人格权益受法律保护。

任何单位和个人不得利用互联网等传播渠道,以侮辱、诽谤等方式恶意侵害民营经济组织及其经营者的人格权益。网络服务提供者应当依照有关法律法规规定,加强网络信息内容管理,建立健全投诉、举报机制,及时处置恶意侵害当事人合法权益的违法信息,并向有关主管部门报告。

人格权益受到恶意侵害的民营经济组织及其经营者有权依法向人民法院申请采取责令行为人停止有关行为的措施。民营经济组织及其经营者的人格权益受到恶意侵害致使民营经济组织生产经营、投资融资等活动遭受实际损失的,侵权人依法承担赔偿责任。

第六十条 国家机关及其工作人员依法开展调查或者要求协助调查,应当避免或者尽量减少对正常生产经营活动产生影响。实施限制人身自由的强制措施,应当严格依照法定权限、条件和程序进行。

第六十一条 征收、征用财产,应当严格依照法定权限、条件和程序进行。

为了公共利益的需要,依照法律规定征收、征用财产的,应当给予公平、合理的补偿。

任何单位不得违反法律、法规向民营经济组织收取费用,不得实施没有法律、法规依据的罚款,不得向民营经济组织摊派财物。

第六十二条 查封、扣押、冻结涉案财物，应当遵守法定权限、条件和程序，严格区分违法所得、其他涉案财物与合法财产，民营经济组织财产与民营经济组织经营者个人财产，涉案人财产与案外人财产，不得超权限、超范围、超数额、超时限查封、扣押、冻结财物。对查封、扣押的涉案财物，应当妥善保管。

第六十三条 办理案件应当严格区分经济纠纷与经济犯罪，遵守法律关于追诉期限的规定；生产经营活动未违反刑法规定的，不以犯罪论处；事实不清、证据不足或者依法不追究刑事责任的，应当依法撤销案件、不起诉、终止审理或者宣告无罪。

禁止利用行政或者刑事手段违法干预经济纠纷。

第六十四条 规范异地执法行为，建立健全异地执法协助制度。办理案件需要异地执法的，应当遵守法定权限、条件和程序。国家机关之间对案件管辖有争议的，可以进行协商，协商不成的，提请共同的上级机关决定，法律另有规定的从其规定。

禁止为经济利益等目的滥用职权实施异地执法。

第六十五条 民营经济组织及其经营者对生产经营活动是否违法，以及国家机关实施的强制措施存在异议的，可以依法向有关机关反映情况、申诉，依法申请行政复议、提起诉讼。

第六十六条 检察机关依法对涉及民营经济组织及其

经营者的诉讼活动实施法律监督，及时受理并审查有关申诉、控告。发现存在违法情形的，应当依法提出抗诉、纠正意见、检察建议。

第六十七条 国家机关、事业单位、国有企业应当依法或者依合同约定及时向民营经济组织支付账款，不得以人员变更、履行内部付款流程或者在合同未作约定情况下以等待竣工验收批复、决算审计等为由，拒绝或者拖延支付民营经济组织账款；除法律、行政法规另有规定外，不得强制要求以审计结果作为结算依据。

审计机关依法对国家机关、事业单位和国有企业支付民营经济组织账款情况进行审计监督。

第六十八条 大型企业向中小民营经济组织采购货物、工程、服务等，应当合理约定付款期限并及时支付账款，不得以收到第三方付款作为向中小民营经济组织支付账款的条件。

人民法院对拖欠中小民营经济组织账款案件依法及时立案、审理、执行，可以根据自愿和合法的原则进行调解，保障中小民营经济组织合法权益。

第六十九条 县级以上地方人民政府应当加强账款支付保障工作，预防和清理拖欠民营经济组织账款；强化预算管理，政府采购项目应当严格按照批准的预算执行；加强对拖欠账款处置工作的统筹指导，对有争议的鼓励各方协商解决，对存在重大分歧的组织协商、调解。协商、调解应当发挥工商业联合会、律师协会等组织的作用。

第七十条 地方各级人民政府及其有关部门应当履行依法向民营经济组织作出的政策承诺和与民营经济组织订立的合同，不得以行政区划调整、政府换届、机构或者职能调整以及相关人员更替等为由违约、毁约。

因国家利益、社会公共利益需要改变政策承诺、合同约定的，应当依照法定权限和程序进行，并对民营经济组织因此受到的损失予以补偿。

第八章　法律责任

第七十一条 违反本法规定，有下列情形之一的，由有权机关责令改正，造成不良后果或者影响的，对负有责任的领导人员和直接责任人员依法给予处分：

（一）未经公平竞争审查或者未通过公平竞争审查出台政策措施；

（二）在招标投标、政府采购等公共资源交易中限制或者排斥民营经济组织。

第七十二条 违反法律规定实施征收、征用或者查封、扣押、冻结等措施的，由有权机关责令改正，造成损失的，依法予以赔偿；造成不良后果或者影响的，对负有责任的领导人员和直接责任人员依法给予处分。

违反法律规定实施异地执法的，由有权机关责令改正，造成不良后果或者影响的，对负有责任的领导人员和直接责任人员依法给予处分。

第七十三条 国家机关、事业单位、国有企业违反法律、行政法规规定或者合同约定，拒绝或者拖延支付民营经济组织账款，地方各级人民政府及其有关部门不履行向民营经济组织依法作出的政策承诺、依法订立的合同的，由有权机关予以纠正，造成损失的，依法予以赔偿；造成不良后果或者影响的，对负有责任的领导人员和直接责任人员依法给予处分。

大型企业违反法律、行政法规规定或者合同约定，拒绝或者拖延支付中小民营经济组织账款的，依法承担法律责任。

第七十四条 违反本法规定，侵害民营经济组织及其经营者合法权益，其他法律、法规规定行政处罚的，从其规定；造成人身损害或者财产损失的，依法承担民事责任；构成犯罪的，依法追究刑事责任。

第七十五条 民营经济组织及其经营者生产经营活动违反法律、法规规定，由有权机关责令改正，依法予以行政处罚；造成人身损害或者财产损失的，依法承担民事责任；构成犯罪的，依法追究刑事责任。

第七十六条 民营经济组织及其经营者采取欺诈等不正当手段骗取表彰荣誉、优惠政策等的，应当撤销已获表彰荣誉、取消享受的政策待遇，依法予以处罚；构成犯罪的，依法追究刑事责任。

第九章 附 则

第七十七条 本法所称民营经济组织，是指在中华人民共和国境内依法设立的由中国公民控股或者实际控制的营利法人、非法人组织和个体工商户，以及前述组织控股或者实际控制的营利法人、非法人组织。

民营经济组织涉及外商投资的，同时适用外商投资法律法规的相关规定。

第七十八条　本法自 2025 年 5 月 20 日起施行。

中华人民共和国中小企业促进法

（2002 年 6 月 29 日第九届全国人民代表大会常务委员会第二十八次会议通过　2017 年 9 月 1 日第十二届全国人民代表大会常务委员会第二十九次会议修订　2017 年 9 月 1 日中华人民共和国主席令第 74 号公布　自 2018 年 1 月 1 日起施行）

目　录

第一章　总　　则

第二章　财税支持

第三章　融资促进

第四章　创业扶持

第五章　创新支持

第六章　市场开拓

第七章　服务措施

第八章　权益保护

第九章　监督检查

第十章　附　　则

<h3 style="text-align:center">第一章　总　　则</h3>

第一条　为了改善中小企业经营环境，保障中小企业公平参与市场竞争，维护中小企业合法权益，支持中小企业创业创新，促进中小企业健康发展，扩大城乡就业，发挥中小企业在国民经济和社会发展中的重要作用，制定本法。

第二条　本法所称中小企业，是指在中华人民共和国境内依法设立的，人员规模、经营规模相对较小的企业，包括中型企业、小型企业和微型企业。

中型企业、小型企业和微型企业划分标准由国务院负责中小企业促进工作综合管理的部门会同国务院有关部门，根据企业从业人员、营业收入、资产总额等指标，结合行业特点制定，报国务院批准。

第三条　国家将促进中小企业发展作为长期发展战略，坚持各类企业权利平等、机会平等、规则平等，对中小企业特别是其中的小型微型企业实行积极扶持、加强引导、完善服务、依法规范、保障权益的方针，为中小企业创立和发展创造有利的环境。

第四条　中小企业应当依法经营，遵守国家劳动用工、安全生产、职业卫生、社会保障、资源环境、质量标准、知识产权、财政税收等方面的法律、法规，遵循诚信原则，规范内部管理，提高经营管理水平；不得损害劳动者合法权益，不得损害社会公共利益。

第五条 国务院制定促进中小企业发展政策，建立中小企业促进工作协调机制，统筹全国中小企业促进工作。

国务院负责中小企业促进工作综合管理的部门组织实施促进中小企业发展政策，对中小企业促进工作进行宏观指导、综合协调和监督检查。

国务院有关部门根据国家促进中小企业发展政策，在各自职责范围内负责中小企业促进工作。

县级以上地方各级人民政府根据实际情况建立中小企业促进工作协调机制，明确相应的负责中小企业促进工作综合管理的部门，负责本行政区域内的中小企业促进工作。

第六条 国家建立中小企业统计监测制度。统计部门应当加强对中小企业的统计调查和监测分析，定期发布有关信息。

第七条 国家推进中小企业信用制度建设，建立社会化的信用信息征集与评价体系，实现中小企业信用信息查询、交流和共享的社会化。

第二章　财税支持

第八条 中央财政应当在本级预算中设立中小企业科目，安排中小企业发展专项资金。

县级以上地方各级人民政府应当根据实际情况，在本级财政预算中安排中小企业发展专项资金。

第九条 中小企业发展专项资金通过资助、购买服务、奖励等方式，重点用于支持中小企业公共服务体系和融资服务体系建设。

中小企业发展专项资金向小型微型企业倾斜，资金管理使用坚持公开、透明的原则，实行预算绩效管理。

第十条 国家设立中小企业发展基金。国家中小企业发展基金应当遵循政策性导向和市场化运作原则，主要用于引导和带动社会资金支持初创期中小企业，促进创业创新。

县级以上地方各级人民政府可以设立中小企业发展基金。

中小企业发展基金的设立和使用管理办法由国务院规定。

第十一条 国家实行有利于小型微型企业发展的税收政策，对符合条件的小型微型企业按照规定实行缓征、减征、免征企业所得税、增值税等措施，简化税收征管程序，减轻小型微型企业税收负担。

第十二条 国家对小型微型企业行政事业性收费实行减免等优惠政策，减轻小型微型企业负担。

第三章　融资促进

第十三条 金融机构应当发挥服务实体经济的功能，

高效、公平地服务中小企业。

第十四条 中国人民银行应当综合运用货币政策工具，鼓励和引导金融机构加大对小型微型企业的信贷支持，改善小型微型企业融资环境。

第十五条 国务院银行业监督管理机构对金融机构开展小型微型企业金融服务应当制定差异化监管政策，采取合理提高小型微型企业不良贷款容忍度等措施，引导金融机构增加小型微型企业融资规模和比重，提高金融服务水平。

第十六条 国家鼓励各类金融机构开发和提供适合中小企业特点的金融产品和服务。

国家政策性金融机构应当在其业务经营范围内，采取多种形式，为中小企业提供金融服务。

第十七条 国家推进和支持普惠金融体系建设，推动中小银行、非存款类放贷机构和互联网金融有序健康发展，引导银行业金融机构向县域和乡镇等小型微型企业金融服务薄弱地区延伸网点和业务。

国有大型商业银行应当设立普惠金融机构，为小型微型企业提供金融服务。国家推动其他银行业金融机构设立小型微型企业金融服务专营机构。

地区性中小银行应当积极为其所在地的小型微型企业提供金融服务，促进实体经济发展。

第十八条 国家健全多层次资本市场体系，多渠道推动股权融资，发展并规范债券市场，促进中小企业利用多种方式直接融资。

第十九条 国家完善担保融资制度，支持金融机构为中小企业提供以应收账款、知识产权、存货、机器设备等为担保品的担保融资。

第二十条 中小企业以应收账款申请担保融资时，其应收账款的付款方，应当及时确认债权债务关系，支持中小企业融资。

国家鼓励中小企业及付款方通过应收账款融资服务平台确认债权债务关系，提高融资效率，降低融资成本。

第二十一条 县级以上人民政府应当建立中小企业政策性信用担保体系，鼓励各类担保机构为中小企业融资提供信用担保。

第二十二条 国家推动保险机构开展中小企业贷款保证保险和信用保险业务，开发适应中小企业分散风险、补偿损失需求的保险产品。

第二十三条 国家支持征信机构发展针对中小企业融资的征信产品和服务，依法向政府有关部门、公用事业单位和商业机构采集信息。

国家鼓励第三方评级机构开展中小企业评级服务。

第四章　创业扶持

第二十四条 县级以上人民政府及其有关部门应当通过政府网站、宣传资料等形式，为创业人员免费提供工商、财税、金融、环境保护、安全生产、劳动用工、社会保障等方面的法律政策咨询和公共信息服务。

第二十五条 高等学校毕业生、退役军人和失业人员、残疾人员等创办小型微型企业，按照国家规定享受税收优惠和收费减免。

第二十六条 国家采取措施支持社会资金参与投资中小企业。创业投资企业和个人投资者投资初创期科技创新企业的，按照国家规定享受税收优惠。

第二十七条 国家改善企业创业环境，优化审批流程，实现中小企业行政许可便捷，降低中小企业设立成本。

第二十八条 国家鼓励建设和创办小型微型企业创业基地、孵化基地，为小型微型企业提供生产经营场地和服务。

第二十九条 地方各级人民政府应当根据中小企业发展的需要，在城乡规划中安排必要的用地和设施，为中小企业获得生产经营场所提供便利。

国家支持利用闲置的商业用房、工业厂房、企业库房和物流设施等，为创业者提供低成本生产经营场所。

第三十条 国家鼓励互联网平台向中小企业开放技术、开发、营销、推广等资源，加强资源共享与合作，为中小企业创业提供服务。

第三十一条 国家简化中小企业注销登记程序，实现中小企业市场退出便利化。

第五章　创 新 支 持

第三十二条　国家鼓励中小企业按照市场需求，推进技术、产品、管理模式、商业模式等创新。

中小企业的固定资产由于技术进步等原因，确需加速折旧的，可以依法缩短折旧年限或者采取加速折旧方法。

国家完善中小企业研究开发费用加计扣除政策，支持中小企业技术创新。

第三十三条　国家支持中小企业在研发设计、生产制造、运营管理等环节应用互联网、云计算、大数据、人工智能等现代技术手段，创新生产方式，提高生产经营效率。

第三十四条　国家鼓励中小企业参与产业关键共性技术研究开发和利用财政资金设立的科研项目实施。

国家推动军民融合深度发展，支持中小企业参与国防科研和生产活动。

国家支持中小企业及中小企业的有关行业组织参与标准的制定。

第三十五条　国家鼓励中小企业研究开发拥有自主知识产权的技术和产品，规范内部知识产权管理，提升保护和运用知识产权的能力；鼓励中小企业投保知识产权保险；减轻中小企业申请和维持知识产权的费用等负担。

第三十六条　县级以上人民政府有关部门应当在规划、用地、财政等方面提供支持，推动建立和发展各类创新服务机构。

国家鼓励各类创新服务机构为中小企业提供技术信息、研发设计与应用、质量标准、实验试验、检验检测、技术转让、技术培训等服务，促进科技成果转化，推动企业技术、产品升级。

第三十七条 县级以上人民政府有关部门应当拓宽渠道，采取补贴、培训等措施，引导高等学校毕业生到中小企业就业，帮助中小企业引进创新人才。

国家鼓励科研机构、高等学校和大型企业等创造条件向中小企业开放试验设施，开展技术研发与合作，帮助中小企业开发新产品，培养专业人才。

国家鼓励科研机构、高等学校支持本单位的科技人员以兼职、挂职、参与项目合作等形式到中小企业从事产学研合作和科技成果转化活动，并按照国家有关规定取得相应报酬。

第六章 市场开拓

第三十八条 国家完善市场体系，实行统一的市场准入和市场监管制度，反对垄断和不正当竞争，营造中小企业公平参与竞争的市场环境。

第三十九条 国家支持大型企业与中小企业建立以市场配置资源为基础的、稳定的原材料供应、生产、销售、服务外包、技术开发和技术改造等方面的协作关系，带动和促进中小企业发展。

第四十条 国务院有关部门应当制定中小企业政府采购的相关优惠政策，通过制定采购需求标准、预留采购份额、价格评审优惠、优先采购等措施，提高中小企业在政府采购中的份额。

向中小企业预留的采购份额应当占本部门年度政府采购项目预算总额的百分之三十以上；其中，预留给小型微型企业的比例不低于百分之六十。中小企业无法提供的商品和服务除外。

政府采购不得在企业股权结构、经营年限、经营规模和财务指标等方面对中小企业实行差别待遇或者歧视待遇。

政府采购部门应当在政府采购监督管理部门指定的媒体上及时向社会公开发布采购信息，为中小企业获得政府采购合同提供指导和服务。

第四十一条 县级以上人民政府有关部门应当在法律咨询、知识产权保护、技术性贸易措施、产品认证等方面为中小企业产品和服务出口提供指导和帮助，推动对外经济技术合作与交流。

国家有关政策性金融机构应当通过开展进出口信贷、出口信用保险等业务，支持中小企业开拓境外市场。

第四十二条 县级以上人民政府有关部门应当为中小企业提供用汇、人员出入境等方面的便利，支持中小企业到境外投资，开拓国际市场。

第七章 服务措施

第四十三条 国家建立健全社会化的中小企业公共服务体系，为中小企业提供服务。

第四十四条 县级以上地方各级人民政府应当根据实际需要建立和完善中小企业公共服务机构，为中小企业提供公益性服务。

第四十五条 县级以上人民政府负责中小企业促进工作综合管理的部门应当建立跨部门的政策信息互联网发布平台，及时汇集涉及中小企业的法律法规、创业、创新、金融、市场、权益保护等各类政府服务信息，为中小企业提供便捷无偿服务。

第四十六条 国家鼓励各类服务机构为中小企业提供创业培训与辅导、知识产权保护、管理咨询、信息咨询、信用服务、市场营销、项目开发、投资融资、财会税务、产权交易、技术支持、人才引进、对外合作、展览展销、法律咨询等服务。

第四十七条 县级以上人民政府负责中小企业促进工作综合管理的部门应当安排资金，有计划地组织实施中小企业经营管理人员培训。

第四十八条 国家支持有关机构、高等学校开展针对中小企业经营管理及生产技术等方面的人员培训，提高企业营销、管理和技术水平。

国家支持高等学校、职业教育院校和各类职业技能培训机构与中小企业合作共建实习实践基地，支持职业教育院校教师和中小企业技术人才双向交流，创新中小企业人才培养模式。

第四十九条 中小企业的有关行业组织应当依法维护会员的合法权益，反映会员诉求，加强自律管理，为中小企业创业创新、开拓市场等提供服务。

第八章 权益保护

第五十条 国家保护中小企业及其出资人的财产权和其他合法权益。任何单位和个人不得侵犯中小企业财产及其合法收益。

第五十一条 县级以上人民政府负责中小企业促进工作综合管理的部门应当建立专门渠道，听取中小企业对政府相关管理工作的意见和建议，并及时向有关部门反馈，督促改进。

县级以上地方各级人民政府有关部门和有关行业组织应当公布联系方式，受理中小企业的投诉、举报，并在规定的时间内予以调查、处理。

第五十二条 地方各级人民政府应当依法实施行政许可，依法开展管理工作，不得实施没有法律、法规依据的检查，不得强制或者变相强制中小企业参加考核、评比、表彰、培训等活动。

第五十三条 国家机关、事业单位和大型企业不得违约拖欠中小企业的货物、工程、服务款项。

中小企业有权要求拖欠方支付拖欠款并要求对拖欠造成的损失进行赔偿。

第五十四条 任何单位不得违反法律、法规向中小企业收取费用，不得实施没有法律、法规依据的罚款，不得向中小企业摊派财物。中小企业对违反上述规定的行为有权拒绝和举报、控告。

第五十五条 国家建立和实施涉企行政事业性收费目录清单制度，收费目录清单及其实施情况向社会公开，接受社会监督。

任何单位不得对中小企业执行目录清单之外的行政事业性收费，不得对中小企业擅自提高收费标准、扩大收费范围；严禁以各种方式强制中小企业赞助捐赠、订购报刊、加入社团、接受指定服务；严禁行业组织依靠代行政府职能或者利用行政资源擅自设立收费项目、提高收费标准。

第五十六条 县级以上地方各级人民政府有关部门对中小企业实施监督检查应当依法进行，建立随机抽查机制。同一部门对中小企业实施的多项监督检查能够合并进行的，应当合并进行；不同部门对中小企业实施的多项监督检查能够合并完成的，由本级人民政府组织有关部门实施合并或者联合检查。

第九章 监督检查

第五十七条 县级以上人民政府定期组织对中小企业

促进工作情况的监督检查；对违反本法的行为及时予以纠正，并对直接负责的主管人员和其他直接责任人员依法给予处分。

第五十八条 国务院负责中小企业促进工作综合管理的部门应当委托第三方机构定期开展中小企业发展环境评估，并向社会公布。

地方各级人民政府可以根据实际情况委托第三方机构开展中小企业发展环境评估。

第五十九条 县级以上人民政府应当定期组织开展对中小企业发展专项资金、中小企业发展基金使用效果的企业评价、社会评价和资金使用动态评估，并将评价和评估情况及时向社会公布，接受社会监督。

县级以上人民政府有关部门在各自职责范围内，对中小企业发展专项资金、中小企业发展基金的管理和使用情况进行监督，对截留、挤占、挪用、侵占、贪污中小企业发展专项资金、中小企业发展基金等行为依法进行查处，并对直接负责的主管人员和其他直接责任人员依法给予处分；构成犯罪的，依法追究刑事责任。

第六十条 县级以上地方各级人民政府有关部门在各自职责范围内，对强制或者变相强制中小企业参加考核、评比、表彰、培训等活动的行为，违法向中小企业收费、罚款、摊派财物的行为，以及其他侵犯中小企业合法权益的行为进行查处，并对直接负责的主管人员和其他直接责任人员依法给予处分。

第十章　附　　则

第六十一条　本法自 2018 年 1 月 1 日起施行。

优化营商环境条例

(2019 年 10 月 8 日国务院第 66 次常务会议通过　2019 年 10 月 22 日中华人民共和国国务院令第 722 号公布　自 2020 年 1 月 1 日起施行)

第一章　总　　则

第一条　为了持续优化营商环境，不断解放和发展社会生产力，加快建设现代化经济体系，推动高质量发展，制定本条例。

第二条　本条例所称营商环境，是指企业等市场主体在市场经济活动中所涉及的体制机制性因素和条件。

第三条　国家持续深化简政放权、放管结合、优化服务改革，最大限度减少政府对市场资源的直接配置，最大限度减少政府对市场活动的直接干预，加强和规范事中事后监管，着力提升政务服务能力和水平，切实降低制度性交易成本，更大激发市场活力和社会创造力，增强发展动力。

各级人民政府及其部门应当坚持政务公开透明，以公开为常态、不公开为例外，全面推进决策、执行、管理、服务、结果公开。

第四条　优化营商环境应当坚持市场化、法治化、国际化原则，以市场主体需求为导向，以深刻转变政府职能为核心，创新体制机制、强化协同联动、完善法治保障，对标国际先进水平，为各类市场主体投资兴业营造稳定、公平、透明、可预期的良好环境。

第五条　国家加快建立统一开放、竞争有序的现代市场体系，依法促进各类生产要素自由流动，保障各类市场主体公平参与市场竞争。

第六条　国家鼓励、支持、引导非公有制经济发展，激发非公有制经济活力和创造力。

国家进一步扩大对外开放，积极促进外商投资，平等对待内资企业、外商投资企业等各类市场主体。

第七条　各级人民政府应当加强对优化营商环境工作的组织领导，完善优化营商环境的政策措施，建立健全统筹推进、督促落实优化营商环境工作的相关机制，及时协调、解决优化营商环境工作中的重大问题。

县级以上人民政府有关部门应当按照职责分工，做好优化营商环境的相关工作。县级以上地方人民政府根据实际情况，可以明确优化营商环境工作的主管部门。

国家鼓励和支持各地区、各部门结合实际情况，在法治框架内积极探索原创性、差异化的优化营商环境具体措施；对探索中出现失误或者偏差，符合规定条件的，可以予以免责或者减轻责任。

第八条　国家建立和完善以市场主体和社会公众满意

度为导向的营商环境评价体系,发挥营商环境评价对优化营商环境的引领和督促作用。

开展营商环境评价,不得影响各地区、各部门正常工作,不得影响市场主体正常生产经营活动或者增加市场主体负担。

任何单位不得利用营商环境评价谋取利益。

第九条 市场主体应当遵守法律法规,恪守社会公德和商业道德,诚实守信、公平竞争,履行安全、质量、劳动者权益保护、消费者权益保护等方面的法定义务,在国际经贸活动中遵循国际通行规则。

第二章 市场主体保护

第十条 国家坚持权利平等、机会平等、规则平等,保障各种所有制经济平等受到法律保护。

第十一条 市场主体依法享有经营自主权。对依法应当由市场主体自主决策的各类事项,任何单位和个人不得干预。

第十二条 国家保障各类市场主体依法平等使用资金、技术、人力资源、土地使用权及其他自然资源等各类生产要素和公共服务资源。

各类市场主体依法平等适用国家支持发展的政策。政府及其有关部门在政府资金安排、土地供应、税费减免、资质许可、标准制定、项目申报、职称评定、人力资源政策等方面,应当依法平等对待各类市场主体,不得制定或者实施歧视性政策措施。

第十三条 招标投标和政府采购应当公开透明、公平公正，依法平等对待各类所有制和不同地区的市场主体，不得以不合理条件或者产品产地来源等进行限制或者排斥。

政府有关部门应当加强招标投标和政府采购监管，依法纠正和查处违法违规行为。

第十四条 国家依法保护市场主体的财产权和其他合法权益，保护企业经营者人身和财产安全。

严禁违反法定权限、条件、程序对市场主体的财产和企业经营者个人财产实施查封、冻结和扣押等行政强制措施；依法确需实施前述行政强制措施的，应当限定在所必需的范围内。

禁止在法律、法规规定之外要求市场主体提供财力、物力或者人力的摊派行为。市场主体有权拒绝任何形式的摊派。

第十五条 国家建立知识产权侵权惩罚性赔偿制度，推动建立知识产权快速协同保护机制，健全知识产权纠纷多元化解决机制和知识产权维权援助机制，加大对知识产权的保护力度。

国家持续深化商标注册、专利申请便利化改革，提高商标注册、专利申请审查效率。

第十六条 国家加大中小投资者权益保护力度，完善中小投资者权益保护机制，保障中小投资者的知情权、参与权，提升中小投资者维护合法权益的便利度。

第十七条 除法律、法规另有规定外，市场主体有权自主决定加入或者退出行业协会商会等社会组织，任何单位和个人不得干预。

除法律、法规另有规定外，任何单位和个人不得强制或者变相强制市场主体参加评比、达标、表彰、培训、考核、考试以及类似活动，不得借前述活动向市场主体收费或者变相收费。

第十八条 国家推动建立全国统一的市场主体维权服务平台，为市场主体提供高效、便捷的维权服务。

第三章 市场环境

第十九条 国家持续深化商事制度改革，统一企业登记业务规范，统一数据标准和平台服务接口，采用统一社会信用代码进行登记管理。

国家推进"证照分离"改革，持续精简涉企经营许可事项，依法采取直接取消审批、审批改为备案、实行告知承诺、优化审批服务等方式，对所有涉企经营许可事项进行分类管理，为企业取得营业执照后开展相关经营活动提供便利。除法律、行政法规规定的特定领域外，涉企经营许可事项不得作为企业登记的前置条件。

政府有关部门应当按照国家有关规定，简化企业从申请设立到具备一般性经营条件所需办理的手续。在国家规定的企业开办时限内，各地区应当确定并公开具体办理时间。

企业申请办理住所等相关变更登记的，有关部门应当依法及时办理，不得限制。除法律、法规、规章另有规定外，企业迁移后其持有的有效许可证件不再重复办理。

第二十条 国家持续放宽市场准入，并实行全国统一的市场准入负面清单制度。市场准入负面清单以外的领域，各类市场主体均可以依法平等进入。

各地区、各部门不得另行制定市场准入性质的负面清单。

第二十一条 政府有关部门应当加大反垄断和反不正当竞争执法力度，有效预防和制止市场经济活动中的垄断行为、不正当竞争行为以及滥用行政权力排除、限制竞争的行为，营造公平竞争的市场环境。

第二十二条 国家建立健全统一开放、竞争有序的人力资源市场体系，打破城乡、地区、行业分割和身份、性别等歧视，促进人力资源有序社会性流动和合理配置。

第二十三条 政府及其有关部门应当完善政策措施、强化创新服务，鼓励和支持市场主体拓展创新空间，持续推进产品、技术、商业模式、管理等创新，充分发挥市场主体在推动科技成果转化中的作用。

第二十四条 政府及其有关部门应当严格落实国家各项减税降费政策，及时研究解决政策落实中的具体问题，确保减税降费政策全面、及时惠及市场主体。

第二十五条 设立政府性基金、涉企行政事业性收费、涉企保证金，应当有法律、行政法规依据或者经国务院批准。对政府性基金、涉企行政事业性收费、涉企保证金以及实行政府定价的经营服务性收费，实行目录清单管理并向社会公开，目录清单之外的前述收费和保证金一律不得执行。推广以金融机构保函替代现金缴纳涉企保证金。

第二十六条 国家鼓励和支持金融机构加大对民营企业、中小企业的支持力度，降低民营企业、中小企业综合融资成本。

金融监督管理部门应当完善对商业银行等金融机构的监管考核和激励机制，鼓励、引导其增加对民营企业、中小企业的信贷投放，并合理增加中长期贷款和信用贷款支持，提高贷款审批效率。

商业银行等金融机构在授信中不得设置不合理条件，不得对民营企业、中小企业设置歧视性要求。商业银行等金融机构应当按照国家有关规定规范收费行为，不得违规向服务对象收取不合理费用。商业银行应当向社会公开开设企业账户的服务标准、资费标准和办理时限。

第二十七条 国家促进多层次资本市场规范健康发展，拓宽市场主体融资渠道，支持符合条件的民营企业、中小企业依法发行股票、债券以及其他融资工具，扩大直接融资规模。

第二十八条 供水、供电、供气、供热等公用企事业单位应当向社会公开服务标准、资费标准等信息，为市场主体提供安全、便捷、稳定和价格合理的服务，不得强迫市场主体接受不合理的服务条件，不得以任何名义收取不合理费用。各地区应当优化报装流程，在国家规定的报装办理时限内确定并公开具体办理时间。

政府有关部门应当加强对公用企事业单位运营的监督管理。

第二十九条 行业协会商会应当依照法律、法规和章程，加强行业自律，及时反映行业诉求，为市场主体提供信息咨询、宣传培训、市场拓展、权益保护、纠纷处理等方面的服务。

国家依法严格规范行业协会商会的收费、评比、认证等行为。

第三十条 国家加强社会信用体系建设，持续推进政务诚信、商务诚信、社会诚信和司法公信建设，提高全社会诚信意识和信用水平，维护信用信息安全，严格保护商业秘密和个人隐私。

第三十一条 地方各级人民政府及其有关部门应当履行向市场主体依法作出的政策承诺以及依法订立的各类合同，不得以行政区划调整、政府换届、机构或者职能调整以及相关责任人更替等为由违约毁约。因国家利益、社会公共利益需要改变政策承诺、合同约定的，应当依照法定权限和程序进行，并依法对市场主体因此受到的损失予以补偿。

第三十二条 国家机关、事业单位不得违约拖欠市场主体的货物、工程、服务等账款，大型企业不得利用优势地位拖欠中小企业账款。

县级以上人民政府及其有关部门应当加大对国家机关、事业单位拖欠市场主体账款的清理力度，并通过加强预算管理、严格责任追究等措施，建立防范和治理国家机关、事业单位拖欠市场主体账款的长效机制。

第三十三条 政府有关部门应当优化市场主体注销办理流程，精简申请材料、压缩办理时间、降低注销成本。对设立后未开展生产经营活动或者无债权债务的市场主体，可以按照简易程序办理注销。对有债权债务的市场主体，在债权债务依法解决后及时办理注销。

县级以上地方人民政府应当根据需要建立企业破产工作协调机制，协调解决企业破产过程中涉及的有关问题。

第四章 政务服务

第三十四条 政府及其有关部门应当进一步增强服务意识，切实转变工作作风，为市场主体提供规范、便利、高效的政务服务。

第三十五条 政府及其有关部门应当推进政务服务标准化，按照减环节、减材料、减时限的要求，编制并向社会公开政务服务事项（包括行政权力事项和公共服务事项，下同）标准化工作流程和办事指南，细化量化政务服务标准，压缩自由裁量权，推进同一事项实行无差别受理、同标准办理。没有法律、法规、规章依据，不得增设政务服务事项的办理条件和环节。

第三十六条 政府及其有关部门办理政务服务事项，应当根据实际情况，推行当场办结、一次办结、限时办结等制度，实现集中办理、就近办理、网上办理、异地可办。需要市场主体补正有关材料、手续的，应当一次性告知需要补正的内容；需要进行现场踏勘、现场核查、技术审查、听证论证的，应当及时安排、限时办结。

法律、法规、规章以及国家有关规定对政务服务事项办理时限有规定的，应当在规定的时限内尽快办结；没有规定的，应当按照合理、高效的原则确定办理时限并按时办结。各地区可以在国家规定的政务服务事项办理时限内进一步压减时间，并应当向社会公开；超过办理时间的，办理单位应当公开说明理由。

地方各级人民政府已设立政务服务大厅的，本行政区域内各类政务服务事项一般应当进驻政务服务大厅统一办理。对政务服务大厅中部门分设的服务窗口，应当创造条件整合为综合窗口，提供一站式服务。

第三十七条 国家加快建设全国一体化在线政务服务平台（以下称一体化在线平台），推动政务服务事项在全国范围内实现"一网通办"。除法律、法规另有规定或者涉及国家秘密等情形外，政务服务事项应当按照国务院确定的步骤，纳入一体化在线平台办理。

国家依托一体化在线平台，推动政务信息系统整合，优化政务流程，促进政务服务跨地区、跨部门、跨层级数据共享和业务协同。政府及其有关部门应当按照国家有关规定，提供数据共享服务，及时将有关政务服务数据上传至一体化在线平台，加强共享数据使用全过程管理，确保共享数据安全。

国家建立电子证照共享服务系统，实现电子证照跨地区、跨部门共享和全国范围内互信互认。各地区、各部门应当加强电子证照的推广应用。

各地区、各部门应当推动政务服务大厅与政务服务平台全面对接融合。市场主体有权自主选择政务服务办理渠道，行政机关不得限定办理渠道。

第三十八条　政府及其有关部门应当通过政府网站、一体化在线平台，集中公布涉及市场主体的法律、法规、规章、行政规范性文件和各类政策措施，并通过多种途径和方式加强宣传解读。

第三十九条　国家严格控制新设行政许可。新设行政许可应当按照行政许可法和国务院的规定严格设定标准，并进行合法性、必要性和合理性审查论证。对通过事中事后监管或者市场机制能够解决以及行政许可法和国务院规定不得设立行政许可的事项，一律不得设立行政许可，严禁以备案、登记、注册、目录、规划、年检、年报、监制、认定、认证、审定以及其他任何形式变相设定或者实施行政许可。

法律、行政法规和国务院决定对相关管理事项已作出规定，但未采取行政许可管理方式的，地方不得就该事项设定行政许可。对相关管理事项尚未制定法律、行政法规的，地方可以依法就该事项设定行政许可。

第四十条 国家实行行政许可清单管理制度，适时调整行政许可清单并向社会公布，清单之外不得违法实施行政许可。

国家大力精简已有行政许可。对已取消的行政许可，行政机关不得继续实施或者变相实施，不得转由行业协会商会或者其他组织实施。

对实行行政许可管理的事项，行政机关应当通过整合实施、下放审批层级等多种方式，优化审批服务，提高审批效率，减轻市场主体负担。符合相关条件和要求的，可以按照有关规定采取告知承诺的方式办理。

第四十一条 县级以上地方人民政府应当深化投资审批制度改革，根据项目性质、投资规模等分类规范投资审批程序，精简审批要件，简化技术审查事项，强化项目决策与用地、规划等建设条件落实的协同，实行与相关审批在线并联办理。

第四十二条 设区的市级以上地方人民政府应当按照国家有关规定，优化工程建设项目（不包括特殊工程和交通、水利、能源等领域的重大工程）审批流程，推行并联审批、多图联审、联合竣工验收等方式，简化审批手续，提高审批效能。

在依法设立的开发区、新区和其他有条件的区域，按照国家有关规定推行区域评估，由设区的市级以上地方人民政府组织对一定区域内压覆重要矿产资源、地质灾害危险性等事项进行统一评估，不再对区域内的市场主体单独提出评估要求。区域评估的费用不得由市场主体承担。

第四十三条 作为办理行政审批条件的中介服务事项（以下称法定行政审批中介服务）应当有法律、法规或者国务院决定依据；没有依据的，不得作为办理行政审批的条件。中介服务机构应当明确办理法定行政审批中介服务的条件、流程、时限、收费标准，并向社会公开。

国家加快推进中介服务机构与行政机关脱钩。行政机关不得为市场主体指定或者变相指定中介服务机构；除法定行政审批中介服务外，不得强制或者变相强制市场主体接受中介服务。行政机关所属事业单位、主管的社会组织及其举办的企业不得开展与本机关所负责行政审批相关的中介服务，法律、行政法规另有规定的除外。

行政机关在行政审批过程中需要委托中介服务机构开展技术性服务的，应当通过竞争性方式选择中介服务机构，并自行承担服务费用，不得转嫁给市场主体承担。

第四十四条 证明事项应当有法律、法规或者国务院决定依据。

设定证明事项，应当坚持确有必要、从严控制的原则。对通过法定证照、法定文书、书面告知承诺、政府部门内部核查和部门间核查、网络核验、合同凭证等能够办理，能够被其他材料涵盖或者替代，以及开具单位无法调查核实的，不得设定证明事项。

政府有关部门应当公布证明事项清单，逐项列明设定依据、索要单位、开具单位、办理指南等。清单之外，政府部门、公用企事业单位和服务机构不得索要证明。各地区、各部门之间应当加强证明的互认共享，避免重复索要证明。

第四十五条 政府及其有关部门应当按照国家促进跨境贸易便利化的有关要求，依法削减进出口环节审批事项，取消不必要的监管要求，优化简化通关流程，提高通关效率，清理规范口岸收费，降低通关成本，推动口岸和国际贸易领域相关业务统一通过国际贸易"单一窗口"办理。

第四十六条 税务机关应当精简办税资料和流程，简并申报缴税次数，公开涉税事项办理时限，压减办税时间，加大推广使用电子发票的力度，逐步实现全程网上办税，持续优化纳税服务。

第四十七条 不动产登记机构应当按照国家有关规定，加强部门协作，实行不动产登记、交易和缴税一窗受理、并行办理，压缩办理时间，降低办理成本。在国家规定的不动产登记时限内，各地区应当确定并公开具体办理时间。

国家推动建立统一的动产和权利担保登记公示系统，逐步实现市场主体在一个平台上办理动产和权利担保登记。纳入统一登记公示系统的动产和权利范围另行规定。

第四十八条 政府及其有关部门应当按照构建亲清新

型政商关系的要求，建立畅通有效的政企沟通机制，采取多种方式及时听取市场主体的反映和诉求，了解市场主体生产经营中遇到的困难和问题，并依法帮助其解决。

建立政企沟通机制，应当充分尊重市场主体意愿，增强针对性和有效性，不得干扰市场主体正常生产经营活动，不得增加市场主体负担。

第四十九条 政府及其有关部门应当建立便利、畅通的渠道，受理有关营商环境的投诉和举报。

第五十条 新闻媒体应当及时、准确宣传优化营商环境的措施和成效，为优化营商环境创造良好舆论氛围。

国家鼓励对营商环境进行舆论监督，但禁止捏造虚假信息或者歪曲事实进行不实报道。

第五章 监管执法

第五十一条 政府有关部门应当严格按照法律法规和职责，落实监管责任，明确监管对象和范围、厘清监管事权，依法对市场主体进行监管，实现监管全覆盖。

第五十二条 国家健全公开透明的监管规则和标准体系。国务院有关部门应当分领域制定全国统一、简明易行的监管规则和标准，并向社会公开。

第五十三条 政府及其有关部门应当按照国家关于加快构建以信用为基础的新型监管机制的要求，创新和完善信用监管，强化信用监管的支撑保障，加强信用监管的组织实施，不断提升信用监管效能。

第五十四条 国家推行"双随机、一公开"监管，除直接涉及公共安全和人民群众生命健康等特殊行业、重点领域外，市场监管领域的行政检查应当通过随机抽取检查对象、随机选派执法检查人员、抽查事项及查处结果及时向社会公开的方式进行。针对同一检查对象的多个检查事项，应当尽可能合并或者纳入跨部门联合抽查范围。

对直接涉及公共安全和人民群众生命健康等特殊行业、重点领域，依法依规实行全覆盖的重点监管，并严格规范重点监管的程序；对通过投诉举报、转办交办、数据监测等发现的问题，应当有针对性地进行检查并依法依规处理。

第五十五条 政府及其有关部门应当按照鼓励创新的原则，对新技术、新产业、新业态、新模式等实行包容审慎监管，针对其性质、特点分类制定和实行相应的监管规则和标准，留足发展空间，同时确保质量和安全，不得简单化予以禁止或者不予监管。

第五十六条 政府及其有关部门应当充分运用互联网、大数据等技术手段，依托国家统一建立的在线监管系统，加强监管信息归集共享和关联整合，推行以远程监管、移动监管、预警防控为特征的非现场监管，提升监管的精准化、智能化水平。

第五十七条 国家建立健全跨部门、跨区域行政执法联动响应和协作机制，实现违法线索互联、监管标准互通、处理结果互认。

国家统筹配置行政执法职能和执法资源，在相关领域推行综合行政执法，整合精简执法队伍，减少执法主体和执法层级，提高基层执法能力。

第五十八条 行政执法机关应当按照国家有关规定，全面落实行政执法公示、行政执法全过程记录和重大行政执法决定法制审核制度，实现行政执法信息及时准确公示、行政执法全过程留痕和可回溯管理、重大行政执法决定法制审核全覆盖。

第五十九条 行政执法中应当推广运用说服教育、劝导示范、行政指导等非强制性手段，依法慎重实施行政强制。采用非强制性手段能够达到行政管理目的的，不得实施行政强制；违法行为情节轻微或者社会危害较小的，可以不实施行政强制；确需实施行政强制的，应当尽可能减少对市场主体正常生产经营活动的影响。

开展清理整顿、专项整治等活动，应当严格依法进行，除涉及人民群众生命安全、发生重特大事故或者举办国家重大活动，并报经有权机关批准外，不得在相关区域采取要求相关行业、领域的市场主体普遍停产、停业的措施。

禁止将罚没收入与行政执法机关利益挂钩。

第六十条 国家健全行政执法自由裁量基准制度，合理确定裁量范围、种类和幅度，规范行政执法自由裁量权的行使。

第六章 法治保障

第六十一条 国家根据优化营商环境需要,依照法定权限和程序及时制定或者修改、废止有关法律、法规、规章、行政规范性文件。

优化营商环境的改革措施涉及调整实施现行法律、行政法规等有关规定的,依照法定程序经有权机关授权后,可以先行先试。

第六十二条 制定与市场主体生产经营活动密切相关的行政法规、规章、行政规范性文件,应当按照国务院的规定,充分听取市场主体、行业协会商会的意见。

除依法需要保密外,制定与市场主体生产经营活动密切相关的行政法规、规章、行政规范性文件,应当通过报纸、网络等向社会公开征求意见,并建立健全意见采纳情况反馈机制。向社会公开征求意见的期限一般不少于30日。

第六十三条 制定与市场主体生产经营活动密切相关的行政法规、规章、行政规范性文件,应当按照国务院的规定进行公平竞争审查。

制定涉及市场主体权利义务的行政规范性文件,应当按照国务院的规定进行合法性审核。

市场主体认为地方性法规同行政法规相抵触,或者认为规章同法律、行政法规相抵触的,可以向国务院书面提出审查建议,由有关机关按照规定程序处理。

第六十四条 没有法律、法规或者国务院决定和命令依据的,行政规范性文件不得减损市场主体合法权益或者增加其义务,不得设置市场准入和退出条件,不得干预市场主体正常生产经营活动。

涉及市场主体权利义务的行政规范性文件应当按照法定要求和程序予以公布,未经公布的不得作为行政管理依据。

第六十五条 制定与市场主体生产经营活动密切相关的行政法规、规章、行政规范性文件,应当结合实际,确定是否为市场主体留出必要的适应调整期。

政府及其有关部门应当统筹协调、合理把握规章、行政规范性文件等的出台节奏,全面评估政策效果,避免因政策叠加或者相互不协调对市场主体正常生产经营活动造成不利影响。

第六十六条 国家完善调解、仲裁、行政裁决、行政复议、诉讼等有机衔接、相互协调的多元化纠纷解决机制,为市场主体提供高效、便捷的纠纷解决途径。

第六十七条 国家加强法治宣传教育,落实国家机关普法责任制,提高国家工作人员依法履职能力,引导市场主体合法经营、依法维护自身合法权益,不断增强全社会的法治意识,为营造法治化营商环境提供基础性支撑。

第六十八条 政府及其有关部门应当整合律师、公证、司法鉴定、调解、仲裁等公共法律服务资源,加快推进公共法律服务体系建设,全面提升公共法律服务能力和水平，为优化营商环境提供全方位法律服务。

第六十九条 政府和有关部门及其工作人员有下列情形之一的，依法依规追究责任：

（一）违法干预应当由市场主体自主决策的事项；

（二）制定或者实施政策措施不依法平等对待各类市场主体；

（三）违反法定权限、条件、程序对市场主体的财产和企业经营者个人财产实施查封、冻结和扣押等行政强制措施；

（四）在法律、法规规定之外要求市场主体提供财力、物力或者人力；

（五）没有法律、法规依据，强制或者变相强制市场主体参加评比、达标、表彰、培训、考核、考试以及类似活动，或者借前述活动向市场主体收费或者变相收费；

（六）违法设立或者在目录清单之外执行政府性基金、涉企行政事业性收费、涉企保证金；

（七）不履行向市场主体依法作出的政策承诺以及依法订立的各类合同，或者违约拖欠市场主体的货物、工程、服务等账款；

（八）变相设定或者实施行政许可，继续实施或者变相实施已取消的行政许可，或者转由行业协会商会或者其他组织实施已取消的行政许可；

（九）为市场主体指定或者变相指定中介服务机构，或者违法强制市场主体接受中介服务；

（十）制定与市场主体生产经营活动密切相关的行政法规、规章、行政规范性文件时，不按照规定听取市场主体、行业协会商会的意见；

（十一）其他不履行优化营商环境职责或者损害营商环境的情形。

第七十条 公用企事业单位有下列情形之一的，由有关部门责令改正，依法追究法律责任：

（一）不向社会公开服务标准、资费标准、办理时限等信息；

（二）强迫市场主体接受不合理的服务条件；

（三）向市场主体收取不合理费用。

第七十一条 行业协会商会、中介服务机构有下列情形之一的，由有关部门责令改正，依法追究法律责任：

（一）违法开展收费、评比、认证等行为；

（二）违法干预市场主体加入或者退出行业协会商会等社会组织；

（三）没有法律、法规依据，强制或者变相强制市场主体参加评比、达标、表彰、培训、考核、考试以及类似活动，或者借前述活动向市场主体收费或者变相收费；

（四）不向社会公开办理法定行政审批中介服务的条件、流程、时限、收费标准；

（五）违法强制或者变相强制市场主体接受中介服务。

第七章 附 则

第七十二条 本条例自 2020 年 1 月 1 日起施行。

公平竞争审查条例

（2024 年 5 月 11 日国务院第 32 次常务会议通过　2024 年 6 月 6 日中华人民共和国国务院令第 783 号公布　自 2024 年 8 月 1 日起施行）

第一章 总 则

第一条 为了规范公平竞争审查工作，促进市场公平竞争，优化营商环境，建设全国统一大市场，根据《中华人民共和国反垄断法》等法律，制定本条例。

第二条 起草涉及经营者经济活动的法律、行政法规、地方性法规、规章、规范性文件以及具体政策措施（以下统称政策措施），行政机关和法律、法规授权的具有管理公共事务职能的组织（以下统称起草单位）应当依照本条例规定开展公平竞争审查。

第三条 公平竞争审查工作坚持中国共产党的领导，贯彻党和国家路线方针政策和决策部署。

国家加强公平竞争审查工作，保障各类经营者依法平等使用生产要素、公平参与市场竞争。

第四条 国务院建立公平竞争审查协调机制，统筹、协调和指导全国公平竞争审查工作，研究解决公平竞争审查工作中的重大问题，评估全国公平竞争审查工作情况。

第五条 县级以上地方人民政府应当建立健全公平竞争审查工作机制，保障公平竞争审查工作力量，并将公平竞争审查工作经费纳入本级政府预算。

第六条 国务院市场监督管理部门负责指导实施公平竞争审查制度，督促有关部门和地方开展公平竞争审查工作。

县级以上地方人民政府市场监督管理部门负责在本行政区域组织实施公平竞争审查制度。

第七条 县级以上人民政府将公平竞争审查工作情况纳入法治政府建设、优化营商环境等考核评价内容。

第二章 审查标准

第八条 起草单位起草的政策措施，不得含有下列限制或者变相限制市场准入和退出的内容：

（一）对市场准入负面清单以外的行业、领域、业务等违法设置审批程序；

（二）违法设置或者授予特许经营权；

（三）限定经营、购买或者使用特定经营者提供的商品或者服务（以下统称商品）；

（四）设置不合理或者歧视性的准入、退出条件；

（五）其他限制或者变相限制市场准入和退出的内容。

第九条 起草单位起草的政策措施，不得含有下列限制商品、要素自由流动的内容；

（一）限制外地或者进口商品、要素进入本地市场，或者阻碍本地经营者迁出，商品、要素输出；

（二）排斥、限制、强制或者变相强制外地经营者在本地投资经营或者设立分支机构；

（三）排斥、限制或者变相限制外地经营者参加本地政府采购、招标投标；

（四）对外地或者进口商品、要素设置歧视性收费项目、收费标准、价格或者补贴；

（五）在资质标准、监管执法等方面对外地经营者在本地投资经营设置歧视性要求；

（六）其他限制商品、要素自由流动的内容。

第十条 起草单位起草的政策措施，没有法律、行政法规依据或者未经国务院批准，不得含有下列影响生产经营成本的内容：

（一）给予特定经营者税收优惠；

（二）给予特定经营者选择性、差异化的财政奖励或者补贴；

（三）给予特定经营者要素获取、行政事业性收费、政府性基金、社会保险费等方面的优惠；

（四）其他影响生产经营成本的内容。

第十一条 起草单位起草的政策措施，不得含有下列影响生产经营行为的内容：

（一）强制或者变相强制经营者实施垄断行为，或者为经营者实施垄断行为提供便利条件；

（二）超越法定权限制定政府指导价、政府定价，为特定经营者提供优惠价格；

（三）违法干预实行市场调节价的商品、要素的价格水平；

（四）其他影响生产经营行为的内容。

第十二条 起草单位起草的政策措施，具有或者可能具有排除、限制竞争效果，但符合下列情形之一，且没有对公平竞争影响更小的替代方案，并能够确定合理的实施期限或者终止条件的，可以出台：

（一）为维护国家安全和发展利益的；

（二）为促进科学技术进步、增强国家自主创新能力的；

（三）为实现节约能源、保护环境、救灾救助等社会公共利益的；

（四）法律、行政法规规定的其他情形。

第三章 审查机制

第十三条 拟由部门出台的政策措施，由起草单位在起草阶段开展公平竞争审查。

拟由多个部门联合出台的政策措施，由牵头起草单位在起草阶段开展公平竞争审查。

第十四条 拟由县级以上人民政府出台或者提请本级人民代表大会及其常务委员会审议的政策措施，由本级人民政府市场监督管理部门会同起草单位在起草阶段开展公平竞争审查。起草单位应当开展初审，并将政策措施草案和初审意见送市场监督管理部门审查。

第十五条　国家鼓励有条件的地区探索建立跨区域、跨部门的公平竞争审查工作机制。

第十六条　开展公平竞争审查，应当听取有关经营者、行业协会商会等利害关系人关于公平竞争影响的意见。涉及社会公众利益的，应当听取社会公众意见。

第十七条　开展公平竞争审查，应当按照本条例规定的审查标准，在评估对公平竞争影响后，作出审查结论。

适用本条例第十二条规定的，应当在审查结论中详细说明。

第十八条　政策措施未经公平竞争审查，或者经公平竞争审查认为违反本条例第八条至第十一条规定且不符合第十二条规定情形的，不得出台。

第十九条　有关部门和单位、个人对在公平竞争审查过程中知悉的国家秘密、商业秘密和个人隐私，应当依法予以保密。

第四章　监督保障

第二十条　国务院市场监督管理部门强化公平竞争审查工作监督保障，建立健全公平竞争审查抽查、举报处理、督查等机制。

第二十一条　市场监督管理部门建立健全公平竞争审

查抽查机制，组织对有关政策措施开展抽查，经核查发现违反本条例规定的，应当督促起草单位进行整改。

市场监督管理部门应当向本级人民政府报告抽查情况，抽查结果可以向社会公开。

第二十二条 对违反本条例规定的政策措施，任何单位和个人可以向市场监督管理部门举报。市场监督管理部门接到举报后，应当及时处理或者转送有关部门处理。

市场监督管理部门应当向社会公开受理举报的电话、信箱或者电子邮件地址。

第二十三条 国务院定期对县级以上地方人民政府公平竞争审查工作机制建设情况、公平竞争审查工作开展情况、举报处理情况等开展督查。国务院市场监督管理部门负责具体实施。

第二十四条 起草单位未依照本条例规定开展公平竞争审查，经市场监督管理部门督促，逾期仍未整改的，上一级市场监督管理部门可以对其负责人进行约谈。

第二十五条 未依照本条例规定开展公平竞争审查，造成严重不良影响的，对起草单位直接负责的主管人员和其他直接责任人员依法给予处分。

第五章　附　　则

第二十六条 国务院市场监督管理部门根据本条例制定公平竞争审查的具体实施办法。

第二十七条 本条例自 2024 年 8 月 1 日起施行。

公平竞争审查条例实施办法

（2025年2月28日国家市场监督管理总局令第99号公布　自2025年4月20日起施行）

第一章　总　则

第一条　为了保障公平竞争审查制度实施，根据《中华人民共和国反垄断法》、《公平竞争审查条例》（以下简称条例），制定本办法。

第二条　行政机关和法律、法规授权的具有管理公共事务职能的组织（以下统称起草单位）起草涉及经营者经济活动的政策措施，应当依法开展公平竞争审查。

前款所称涉及经营者经济活动的政策措施，包括市场准入和退出、产业发展、招商引资、政府采购、招标投标、资质标准、监管执法等方面涉及经营者依法平等使用生产要素、公平参与市场竞争的法律、行政法规、地方性法规、规章、规范性文件以及具体政策措施。

前款所称具体政策措施，是指除法律、行政法规、地方性法规、规章、规范性文件外其他涉及经营者经济活动的政策措施，包括政策性文件、标准、技术规范、与经营者签订的行政协议以及备忘录等。

第三条　国家市场监督管理总局负责指导实施公平竞争审查制度，督促有关部门和地方开展公平竞争审查工作，依法履行以下职责：

（一）指导全国公平竞争审查制度实施，推动解决制度实施中的重大问题；

（二）对拟由国务院出台或者提请全国人民代表大会及其常务委员会审议的政策措施，会同起草单位开展公平竞争审查；

（三）建立健全公平竞争审查抽查、举报处理、督查机制，在全国范围内组织开展相关工作；

（四）承担全国公平竞争审查制度实施情况评估工作；

（五）指导、督促公平竞争审查制度实施的其他事项。

第四条 县级以上地方市场监督管理部门负责在本行政区域内组织实施公平竞争审查制度，督促有关部门开展公平竞争审查工作，并接受上级市场监督管理部门的指导和监督。

第五条 起草单位应当严格落实公平竞争审查责任，建立健全公平竞争审查机制，明确承担公平竞争审查工作的机构，加强公平竞争审查能力建设，强化公平竞争审查工作保障。

第六条 市场监督管理部门应当加强公平竞争审查业务培训指导和普法宣传，推动提高公平竞争审查能力和水平。

第七条 市场监督管理部门应当做好公平竞争审查数据统计和开发利用等相关工作，加强公平竞争审查信息化建设。

第八条 在县级以上人民政府法治政府建设、优化营商环境等考核评价过程中，市场监督管理部门应当配合做好涉及公平竞争审查工作情况的考核评价，推动公平竞争审查制度全面落实。

第二章 审查标准

第一节 关于限制市场准入和退出的审查标准

第九条 起草涉及经营者经济活动的政策措施，不得含有下列对市场准入负面清单以外的行业、领域、业务等违法设置市场准入审批程序的内容：

（一）在全国统一的市场准入负面清单之外违规制定市场准入性质的负面清单；

（二）在全国统一的市场准入负面清单之外违规设立准入许可，或者以备案、证明、目录、计划、规划、认证等方式，要求经营主体经申请获批后方可从事投资经营活动；

（三）违法增加市场准入审批环节和程序，或者设置具有行政审批性质的前置备案程序；

（四）违规增设市场禁入措施，或者限制经营主体资质、所有制形式、股权比例、经营范围、经营业态、商业模式等方面的市场准入许可管理措施；

（五）违规采取临时性市场准入管理措施；

（六）其他对市场准入负面清单以外的行业、领域、业务等违法设置审批程序的内容。

第十条 起草涉及经营者经济活动的政策措施，不得含有下列违法设置或者授予政府特许经营权的内容：

（一）没有法律、行政法规依据或者未经国务院批准，设置特许经营权或者以特许经营名义增设行政许可事项；

（二）未通过招标、谈判等公平竞争方式选择政府特许经营者；

（三）违法约定或者未经法定程序变更特许经营期限；

（四）其他违法设置或者授予政府特许经营权的内容。

第十一条 起草涉及经营者经济活动的政策措施，不得含有下列限定经营、购买或者使用特定经营者提供的商品或者服务（以下统称商品）的内容：

（一）以明确要求、暗示等方式，限定或者变相限定经营、购买、使用特定经营者提供的商品；

（二）通过限定经营者所有制形式、注册地、组织形式，或者设定其他不合理条件，限定或者变相限定经营、购买、使用特定经营者提供的商品；

（三）通过设置不合理的项目库、名录库、备选库、资格库等方式，限定或者变相限定经营、购买、使用特定经营者提供的商品；

（四）通过实施奖励性或者惩罚性措施，限定或者变相限定经营、购买、使用特定经营者提供的商品；

（五）其他限定经营、购买或者使用特定经营者提供的商品的内容。

第十二条 起草涉及经营者经济活动的政策措施，不得含有下列设置不合理或者歧视性的准入、退出条件的内容：

（一）设置明显不必要或者超出实际需要的准入条件；

（二）根据经营者所有制形式、注册地、组织形式、规模等设置歧视性的市场准入、退出条件；

（三）在经营者注销、破产、挂牌转让等方面违法设置市场退出障碍；

（四）其他设置不合理或者歧视性的准入、退出条件的内容。

第二节 关于限制商品、要素自由流动的审查标准

第十三条 起草涉及经营者经济活动的政策措施，不得含有下列限制外地或者进口商品、要素进入本地市场，或者阻碍本地经营者迁出，商品、要素输出的内容：

（一）对外地或者进口商品规定与本地同类商品不同的技术要求、检验标准，更多的检验频次等歧视性措施，或者要求重复检验、重复认证；

（二）通过设置关卡或者其他手段，阻碍外地和进口商品、要素进入本地市场或者本地商品、要素对外输出；

（三）违法设置审批程序或者其他不合理条件妨碍经营者变更注册地址、减少注册资本，或者对经营者在本地

经营年限提出要求；

（四）其他限制外地或者进口商品、要素进入本地市场，或者阻碍本地经营者迁出，商品、要素输出的内容。

第十四条 起草涉及经营者经济活动的政策措施，不得含有下列排斥、限制、强制或者变相强制外地经营者在本地投资经营或者设立分支机构的内容：

（一）强制、拒绝或者阻碍外地经营者在本地投资经营或者设立分支机构；

（二）对外地经营者在本地投资的规模、方式、产值、税收，以及设立分支机构的商业模式、组织形式等进行不合理限制或者提出不合理要求；

（三）将在本地投资或者设立分支机构作为参与本地政府采购、招标投标、开展生产经营的必要条件；

（四）其他排斥、限制、强制或者变相强制外地经营者在本地投资经营或者设立分支机构的内容。

第十五条 起草涉及经营者经济活动的政策措施，不得含有下列排斥、限制或者变相限制外地经营者参加本地政府采购、招标投标的内容：

（一）禁止外地经营者参与本地政府采购、招标投标活动；

（二）直接或者变相要求优先采购在本地登记注册的经营者提供的商品；

（三）将经营者取得业绩和奖项荣誉的区域、缴纳税收社保的区域、投标（响应）产品的产地、注册地址、与本地经营者组成联合体等作为投标（响应）条件、加分条件、中标（成交、入围）条件或者评标条款；

（四）将经营者在本地区业绩、成立年限、所获得的奖项荣誉、在本地缴纳税收社保等用于评价企业信用等级，或者根据商品、要素产地等因素设置差异化信用得分，影响外地经营者参加本地政府采购、招标投标；

（五）根据经营者投标（响应）产品的产地设置差异性评审标准；

（六）设置不合理的公示时间、响应时间、要求现场报名或者现场购买采购文件、招标文件等，影响外地经营者参加本地政府采购、招标投标；

（七）其他排斥、限制或者变相限制外地经营者参加本地政府采购、招标投标的内容。

第十六条 起草涉及经营者经济活动的政策措施，不得含有下列对外地或者进口商品、要素设置歧视性收费项目、收费标准、价格或者补贴的内容：

（一）对外地或者进口商品、要素设置歧视性的收费项目或者收费标准；

（二）对外地或者进口商品、要素实行歧视性的价格；

（三）对外地或者进口商品、要素实行歧视性的补贴政策；

（四）其他对外地或者进口商品、要素设置歧视性收费项目、收费标准、价格或者补贴的内容。

第十七条 起草涉及经营者经济活动的政策措施，不得含有下列在资质标准、监管执法等方面对外地经营者在本地投资经营设置歧视性要求的内容：

（一）对外地经营者在本地投资经营规定歧视性的资质、标准等要求；

（二）对外地经营者实施歧视性的监管执法标准，增加执法检查项目或者提高执法检查频次等；

（三）在投资经营规模、方式和税费水平等方面对外地经营者规定歧视性要求；

（四）其他在资质标准、监管执法等方面对外地经营者在本地投资经营设置歧视性要求的内容。

第三节 关于影响生产经营成本的审查标准

第十八条 起草涉及经营者经济活动的政策措施，没有法律、行政法规依据或者未经国务院批准，不得含有下列给予特定经营者税收优惠的内容：

（一）减轻或者免除特定经营者的税收缴纳义务；

（二）通过违法转换经营者组织形式等方式，变相支持特定经营者少缴或者不缴税款；

（三）通过对特定产业园区实行核定征收等方式，变相支持特定经营者少缴或者不缴税款；

（四）其他没有法律、行政法规依据或者未经国务院批准，给予特定经营者税收优惠的内容。

第十九条 起草涉及经营者经济活动的政策措施，没有法律、行政法规依据或者未经国务院批准，不得含有下列给予特定经营者选择性、差异化的财政奖励或者补贴的内容：

（一）以直接确定受益经营者或者设置不明确、不合理入选条件的名录库、企业库等方式，实施财政奖励或者补贴；

（二）根据经营者的所有制形式、组织形式等实施财政奖励或者补贴；

（三）以外地经营者将注册地迁移至本地、在本地纳税、纳入本地统计等为条件，实施财政奖励或者补贴；

（四）采取列收列支或者违法违规采取先征后返、即征即退等形式，对特定经营者进行返还，或者给予特定经营者财政奖励或者补贴、减免自然资源有偿使用收入等优惠政策；

（五）其他没有法律、行政法规依据或者未经国务院批准，给予特定经营者选择性、差异化的财政奖励或者补贴的内容。

第二十条 起草涉及经营者经济活动的政策措施，没有法律、行政法规依据或者未经国务院批准，不得含有下列给予特定经营者要素获取、行政事业性收费、政府性基金、社会保险费等方面优惠的内容：

（一）以直接确定受益经营者，或者设置无客观明确条件的方式在要素获取方面给予优惠政策；

（二）减免、缓征或者停征行政事业性收费、政府性基金；

（三）减免或者缓征社会保险费用；

（四）其他没有法律、行政法规依据或者未经国务院批准给予特定经营者要素获取、行政事业性收费、政府性基金、社会保险费等方面优惠的内容。

第四节 关于影响生产经营行为的审查标准

第二十一条 起草涉及经营者经济活动的政策措施，不得含有下列强制或者变相强制经营者实施垄断行为，或者为经营者实施垄断行为提供便利条件的内容：

（一）以行政命令、行政指导等方式，强制、组织或者引导经营者实施垄断行为；

（二）通过组织签订协议、备忘录等方式，强制或者变相强制经营者实施垄断行为；

（三）对实行市场调节价的商品、要素，违法公开披露或者要求经营者公开披露拟定价格、成本、生产销售数量、生产销售计划、经销商和终端客户信息等生产经营敏感信息；

（四）其他强制或者变相强制经营者实施垄断行为，或者为经营者实施垄断行为提供便利条件的内容。

第二十二条 起草涉及经营者经济活动的政策措施，不得含有下列超越法定权限制定政府指导价、政府定价，为特定经营者提供优惠价格，影响生产经营行为的内容：

（一）对实行政府指导价的商品、要素进行政府定价，违法提供优惠价格；

（二）对不属于本级政府定价目录范围内的商品、要素制定政府指导价、政府定价，违法提供优惠价格；

（三）不执行政府指导价或者政府定价，违法提供优惠价格；

（四）其他超越法定权限制定政府指导价、政府定价，为特定经营者提供优惠价格，影响生产经营行为的内容。

第二十三条 起草涉及经营者经济活动的政策措施，不得含有下列违法干预实行市场调节价的商品、要素价格水平的内容：

（一）对实行市场调节价的商品、要素制定建议价，影响公平竞争；

（二）通过违法干预手续费、保费、折扣等方式干预实行市场调节价的商品、要素价格水平，影响公平竞争；

（三）其他违法干预实行市场调节价的商品、要素的价格水平的内容。

第五节 关于审查标准的其他规定

第二十四条 起草涉及经营者经济活动的政策措施，不得含有其他限制或者变相限制市场准入和退出、限制商品要素自由流动、影响生产经营成本、影响生产经营行为等影响市场公平竞争的内容。

第二十五条 经公平竞争审查具有或者可能具有排

除、限制竞争效果的政策措施，符合下列情形之一，且没有对公平竞争影响更小的替代方案，并能够确定合理的实施期限或者终止条件的，可以出台：

（一）为维护国家安全和发展利益的；

（二）为促进科学技术进步、增强国家自主创新能力的；

（三）为实现节约能源、保护环境、救灾救助等社会公共利益的；

（四）法律、行政法规规定或者经国务院批准的其他情形。

本条所称没有对公平竞争影响更小的替代方案，是指政策措施对实现有关政策目的确有必要，且对照审查标准评估竞争效果后，对公平竞争的不利影响范围最小、程度最轻的方案。

本条所称合理的实施期限应当是为实现政策目的所需的最短期限，终止条件应当明确、具体。在期限届满或者终止条件满足后，有关政策措施应当及时停止实施。

第三章　审查机制和审查程序

第二十六条　起草单位在起草阶段对政策措施开展公平竞争审查，应当严格遵守公平竞争审查程序，准确适用公平竞争审查标准，科学评估公平竞争影响，依法客观作出公平竞争审查结论。

第二十七条　公平竞争审查应当在政策措施内容基本

完备后开展。审查后政策措施内容发生重大变化的,应当重新开展公平竞争审查。

第二十八条 起草单位开展公平竞争审查,应当依法听取利害关系人关于公平竞争影响的意见。涉及社会公众利益的,应当通过政府部门网站、政务新媒体等便于社会公众知晓的方式听取社会公众意见。听取关于公平竞争影响的意见可以与其他征求意见程序一并进行。

对需要保密或者有正当理由需要限定知悉范围的政策措施,由起草单位按照相关法律法规规定处理,并在审查结论中说明有关情况。

本条所称利害关系人,包括参与相关市场竞争的经营者、上下游经营者、行业协会商会以及可能受政策措施影响的其他经营者。

第二十九条 起草单位应当在评估有关政策措施的公平竞争影响后,书面作出是否符合公平竞争审查标准的明确审查结论。

适用条例第十二条规定的,起草单位还应当在审查结论中说明下列内容:

(一)政策措施具有或者可能具有的排除、限制竞争效果;

(二)适用条例第十二条规定的具体情形;

(三)政策措施对公平竞争不利影响最小的理由;

(四)政策措施实施期限或者终止条件的合理性;

(五)其他需要说明的内容。

第三十条 拟由县级以上人民政府出台或者提请本级人民代表大会及其常务委员会审议的政策措施，由本级人民政府市场监督管理部门会同起草单位在起草阶段开展公平竞争审查。

本条所称拟由县级以上人民政府出台的政策措施，包括拟由县级以上人民政府及其办公厅（室）出台或者转发本级政府部门起草的政策措施。

本条所称提请本级人民代表大会及其常务委员会审议的政策措施，包括提请审议的法律、地方性法规草案等。

第三十一条 起草单位应当在向本级人民政府报送政策措施草案前，提请同级市场监督管理部门开展公平竞争审查，并提供下列材料：

（一）政策措施草案；

（二）政策措施起草说明；

（三）公平竞争审查初审意见；

（四）其他需要提供的材料。

起草单位提供的政策措施起草说明应当包含政策措施制定依据、听取公平竞争影响意见及采纳情况等内容。

起草单位应当严格依照条例和本办法规定的审查标准开展公平竞争审查，形成初审意见。

起草单位提供的材料不完备或者政策措施尚未按照条例要求征求有关方面意见的，市场监督管理部门可以要求在一定期限内补正；未及时补正的，予以退回处理。

第三十二条 起草单位不得以送市场监督管理部门会

签、征求意见等代替公平竞争审查。

第三十三条 市场监督管理部门应当根据起草单位提供的材料对政策措施开展公平竞争审查，书面作出审查结论。

第三十四条 涉及经营者经济活动的政策措施未经公平竞争审查，或者经审查认为违反条例规定的，不得出台。

第三十五条 市场监督管理部门、起草单位可以根据职责，委托第三方机构，对政策措施可能产生的竞争影响、实施后的竞争效果和本地区公平竞争审查制度实施情况等开展评估，为决策提供参考。

第三十六条 有关部门和单位、个人在公平竞争审查过程中知悉的国家秘密、商业秘密和个人隐私，应当依法予以保密。

第四章　监督保障

第三十七条 对违反条例规定的政策措施，任何单位和个人可以向市场监督管理部门举报。举报人应当对举报内容的真实性负责。起草单位及其工作人员应当依法保障举报人的合法权益。

各级市场监督管理部门负责处理对本级人民政府相关单位及下一级人民政府政策措施的举报；上级市场监督管理部门认为有必要的，可以直接处理属于下级市场监督管理部门职责范围的举报。

市场监督管理部门收到反映法律、行政法规、地方性法规涉嫌影响市场公平竞争的，应当依法依规移交有关单位处理。收到反映尚未出台的政策措施涉嫌违反条例规定的，可以转送起草单位处理。

第三十八条 市场监督管理部门收到举报材料后，应当及时审核举报材料是否属于反映涉嫌违反公平竞争审查制度的情形，以及举报材料是否完整、明确。

举报材料不完整、不明确的，市场监督管理部门可以要求举报人在七个工作日内补正。举报人逾期未补正或者补正后仍然无法判断举报材料指向的，市场监督管理部门不予核查。

有处理权限的市场监督管理部门应当自收到符合规定的举报材料之日起六十日内进行核查并作出核查结论。举报事项情况复杂的，经市场监督管理部门负责人批准，可以根据需要适当延长期限。

第三十九条 市场监督管理部门组织对有关政策措施开展抽查。

抽查可以在一定区域范围内进行，或者针对具体的行业、领域实施。对发现或者举报反映违反条例规定问题集中的地区或者行业、领域，市场监督管理部门应当开展重点抽查。

对实行垂直管理的单位及其派出机构起草的有关政策措施开展抽查，由实行垂直管理单位的同级或者上级人民政府市场监督管理部门负责。

市场监督管理部门应当向本级人民政府及上一级市场监督管理部门报告抽查情况，并可以向社会公开抽查结果。

第四十条 对通过举报处理、抽查等方式发现的涉嫌违反条例规定的政策措施，市场监督管理部门应当组织开展核查。核查认定有关政策措施违反条例规定的，市场监督管理部门应当督促有关起草单位进行整改。

各级地方市场监督管理部门在工作中发现实行垂直管理的单位派出机构涉嫌违反条例规定的，应当逐级报送实行垂直管理单位的同级或者上级人民政府市场监督管理部门核查。

第四十一条 国家市场监督管理总局应当按照条例有关规定实施公平竞争审查督查，并将督查情况报送国务院。对督查中发现的问题，督查对象应当按要求整改。

第四十二条 起草单位未按照条例规定开展公平竞争审查，经市场监督管理部门督促，逾期未整改或者整改不到位的，上一级市场监督管理部门可以对其负责人进行约谈，指出问题，听取意见，要求其提出整改措施。

市场监督管理部门可以将约谈情况通报起草单位的有关上级机关，也可以邀请有关上级机关共同实施约谈。

第四十三条 市场监督管理部门在公平竞争审查工作中发现存在行业、领域、区域性问题或者风险的，可以书面提醒敦促有关行业主管部门或者地方人民政府进行整改和预防。

第四十四条 市场监督管理部门在公平竞争审查工作

中发现起草单位存在涉嫌滥用行政权力排除、限制竞争行为的，应当按照《中华人民共和国反垄断法》等有关规定，移交有管辖权的反垄断执法机构依法调查处理。

第四十五条 起草单位存在下列情形之一、造成严重不良影响的，市场监督管理部门可以向有权机关提出对直接负责的主管人员和其他直接责任人员依法给予处分的建议：

（一）违反公平竞争审查制度出台政策措施的；

（二）拒绝、阻碍市场监督管理部门依法开展公平竞争审查有关监督工作的；

（三）对公平竞争审查监督发现问题，经市场监督管理部门约谈后仍不整改的；

（四）其他违反公平竞争审查制度，造成严重不良影响的。

第五章 附 则

第四十六条 本办法所称特定经营者，是指在政策措施中直接或者变相确定的某个或者某部分经营者，但通过公平合理、客观明确且非排他性条件确定的除外。

第四十七条 本办法所称法律、法规授权的具有管理公共事务职能的组织，包括依据法律法规，被授予特定管理公共事务权力和职责的事业单位、基层自治组织、专业技术机构、行业协会等非行政机关组织。

第四十八条 本办法自 2025 年 4 月 20 日起施行。

图书在版编目（CIP）数据

民营经济促进法学习问答 / 中国法治出版社编.
北京：中国法治出版社，2025.6. -- ISBN 978-7-5216-5202-4

Ⅰ. D922.295

中国国家版本馆 CIP 数据核字第 20252D560H 号

责任编辑：于　昆　　　　　　　　　　　封面设计：李　宁

民营经济促进法学习问答
MINYING JINGJI CUJINFA XUEXI WENDA

编者/中国法治出版社
经销/新华书店
印刷/三河市紫恒印装有限公司
开本/880 毫米×1230 毫米　32 开　　　印张/ 6.875　字数/ 83 千
版次/2025 年 6 月第 1 版　　　　　　　2025 年 6 月第 1 次印刷

中国法治出版社出版
书号 ISBN 978-7-5216-5202-4　　　　　　　　　　　定价：25.00 元

北京市西城区西便门西里甲 16 号西便门办公区
邮政编码：100053　　　　　　　　　传真：010-63141600
网址：http://www.zgfzs.com　　　　编辑部电话：010-63141806
市场营销部电话：010-63141612　　印务部电话：010-63141606

（如有印装质量问题，请与本社印务部联系。）